これは食の辞典ではありません。
食べものの見かたがちょっぴり変わる
食べものと意識にまつわる、いくつかのおはなし。
食べものの「目に見えない部分」のおはなし、ともいえます。
読むうちに、あなたの食べものや食べかたや
食べものの思い出にまつわる
あれこれに、思いをはせていただく、
そんな本になったらうれしいです。
ともだちと、食べもののことを話すように、書きました。

服部みれい

HABE KEINE ANGST

こわがらないで

ミヒャエル・エンデのお墓のカシオペイア

(『モモ』) の背中に書いてあることば

あたらしい 食のABC

服部みれい

WAVE出版

もくじ

装　　幀　佐々木暁
イラスト　長嶋五郎（ゴンゴン）
著者写真　松岡一哲

あたらしい
食のＡＢＣ

A

愛のある食べもの

わたしはかつて、子ども向けの雑誌づくりのワークショップを行っていました。そのなかの、みどりちゃんという女の子がいったことばを、今でも忘れることができません。

みどりちゃんはこういいました。

「ねえ、服部さん。わたしのおかあさんは、料理があまり得意でないの。なんかまずいの。でも、不思議と、おいしいの。おかあさんの料理は、まずいけれどおいしいの」

おかあさんのつくった料理は、愛のある食べものの筆頭で、いくらおかあさんが料理が不得意だとしても、「まずいけれどおいしい」ものなんだと思います。

食べものは、エネルギーなのです。

つくり手の、目には見えない、「もわっ」としたもの……つまりエネルギーそのものが、その食べものに転写されています。

だから、おかあさんの料理を食べるという行為は、おかあさんのエネルギー、愛そのものを食べるということになる。

いちばん栄養になるのが、この、愛のある食べものだと思います。

誰かが誰かのしあわせを思って、一生懸命つくった食べもの。

ほら、お茶だって観察してみてください。淹《い》れる人によって、まるきり味が違います。その日の機嫌によっても変わります。あの味の違いは、エネルギーの違い、なんだと思います。

わたしは、何かを食べるとき、このことを本当に大事に考えています。栄養よりも。産地よりも。できるだけ、「誰がつくったか」、また、つくった人との関係性、など、愛のエネルギーが高そうなものを選ぶのです。

いつだったか、わたしは、広尾の商店街のある小さなお店で、お弁当を買いました。その味がやさしくておいしくて飛び上がってしまったことをよく覚えています。そのお店はご家族で経営しているらしくて、奥に居間が見えて、おとうさんにおかあさん、おばあちゃん、娘さんたち大勢で働いていらっしゃいました。そのお弁当は、愛のエネルギーがいっぱいだったのだと思います。

「本当においしい」とは、愛のある食べもののことを指すことばだとわたしはつくづく思っています。

★そういえば

逆にいえば、怒っている人、上から目線の人、悲しみでいっぱいの人がつくったものをわたしはなるべく食べません。以前、ミシュランの星がたっぷりついた高級料亭でお食事をしたことがありましたが、残念ながら、あまりおいしいと思いませんでした。案の定、お店の空気は冷たくて、帰りがけ、お客さんがいるにもかかわらず、大将がお店の入り口で小僧を怒鳴りつけているのを目のあたりにしました。人間関係がさびしさでいっぱいでした。おいしさは愛の度合いなのです。

あげもののはなし

食べもので何が好き？　と聴かれたら、「あげものだよ」と答えます。なぜだか、あげたもの全般がとても好きなのです。

わたしの編集者としての夢があるならば、それは『世界のあげもの』という本をつくることです。

そもそも、一体全体、誰が、「あげる」という魔法を思いついたのだろう？　なぜ、あつあつの油の中に、食べものを投入するというすばらしい発明ができたのか。そんなことをしょっちゅう考えているほどです。

あんまり好きなので、なぜ、このようにあげものというジャンルが好きなのか考えてみたことがあります。おそらく、熱い油で、さっと調理する、という潔さ、を愛しているのだろう。陽の気が、一瞬で入る食べもの、というイメージです。

わたしは陽の気を、あげものからいただいていると仮説をたてています。太陽のような

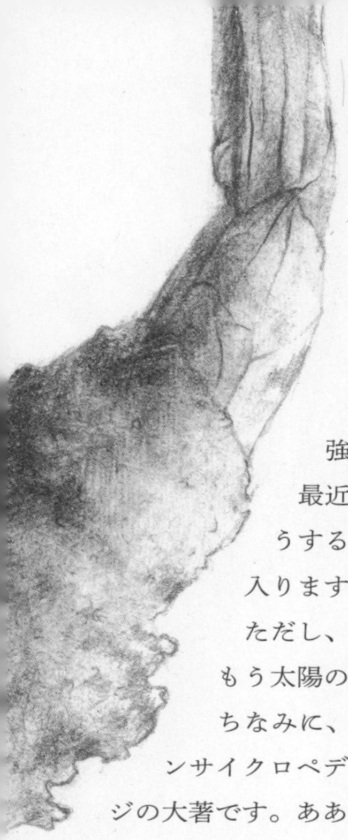

エネルギーを。あげるという行為は魔法。

強い陽の気をあびるのは、ときどきでよいので、最近ではほんのときどき、あげものを食べます。そうすると、わたしの体内には、太陽のエネルギーが、入ります。

ただし、あげたてでないと入りません。冷めたものにはもう太陽のエネルギーはありません。

ちなみに、『世界のあげもの』という本のイメージは、エンサイクロペディア。百科事典です。あげもの百科。数百ページの大著です。ああ、想像していたら、現実化したくなりました。海老フライ、天ぷら、カツレツ、からあげ、フライ全般、春巻、モモのあげたの、世界中のポテトフライに世界各国のクロケット。この本、売れそうです。

★ところで

マクロビオティック的には、あげるという調理法は、あげる、炒める、焼く、蒸すなどと同様に陽性の調理法です。なかでも「あげる」は、陽が強い調理法になります。マクロビオティックでは、素材の極端な陰や陽を消して中庸に調えるので、陰性の強い食べものは、あげることで中庸にする、そんなふうにとらえられているようです。

アメリカ料理！

本屋さんへ行くと、かならずのぞくのは、料理本の棚です。特に古書店で見つける古い料理本には、たのしいものが本当に多い。

なかでも、長嶋茂雄さんのパートナー、故・長嶋亜希子さんが、約20年前にお書きになった『私のアメリカ 家庭料理』（長島亜希子＝著 文化出版局＝刊）を見つけたときには、胸が高鳴りました！

1958年、15歳から単身でアメリカへわたった亜希子さん。その後、高校、大学とアメリカで過ごした亜希子さんが、ホストマザーから習ったアメリカの家庭料理の数々を紹介している本です。

60年代の『暮しの手帖』を思わせる、わかりやすい写真。２色刷りでとても読みやすい文字のレシピたち。本そのものがとにかく粋なんです。

お料理も、

「アボカドサラダ、デビルドエッグ、鮭缶ディップ、B.L.T.サンドイッチ、ほうれん草とりんごのサラダ、クラシックマカロニサラダ、マッシュポテトサラダ、パイナップルクリームケーキ……」

と、「少し昔」の感じがして、わくわくします。最近の、少ししゃれた、引き算のうまいお料理もたのしいのですが、この本で紹介されている料理たちみたいに、ベタな60年代のアメリカらしい「ハイカラ感」にあふれているレシピもとてもたのしい。

大らかで、合理的なアメリカ料理について思いをはせるのは、物質的な豊かさを無邪気にたのしめた、あの時代特有の甘い感覚に、うっとりと酔う、ノスタルジックな体験となりました。

今のわたしたちには、もう、その無邪気さはないからこそ、アメリカ料理は新鮮です。

JOYのある無邪気さよ、不滅たれ。

★ 不滅といえば

わたし、もうずーっと昔に、ある東急東横線沿いの駅前にある焼き鳥屋さんで、お会計をして出ようとしたら、お店の大将に、「ちょっと、待ってな、もうすぐ、長嶋茂雄さんが来るから、ここに座ってな」と、カウンターにお水を出してくれて座らせてくれたことがありました。ほどなくしてミスターはやってきて、わたしのとなりに座りました。「いつもの」っていいました。すごく大きくて、映像で観るよりも、うんとハンサムでかっこよくて、びっくりしたことを覚えています。

あんぜんな食べもの一考

すべての行動は双極、または対極からなっている。なにかをこれでもかこれでもかとやっていくと、その反対のものが姿をあらわす。

たとえば、美しくなろうとする必死の努力が人を醜くし、やさしくなろうと頑張りすぎると利己的になる。

『タオのリーダー学』（ジョン・ハイダー＝著　上野圭一＝訳　春秋社＝刊）より引用

「何があんぜんな食べものか」については、みなさんがそれぞれに、ご自身の感性をもとに、まず、調べることが大事です。

調べたら次に、調べたことを、ご自身で実践することが大切です。

たとえばですが、「食品添加物があんぜんでなさそうだな」と、もし感じるなら、ご自分で、本を数冊読みます。

インターネットに流れている情報をすぐに鵜呑《うの》みにする人がいますが、インターネットは「よいきっかけ」にして、ご自分の「足」で調べることをおすすめします。

いちばんは、そういったことを研究しているかたのおはなしを直接聴くこと、その人が書いた本を読むことです。

そうして、その内容について納得したら、その本に書いてあることを実践するのです（たとえば、添加物の入っていないものを食べ続けるなど）。

実践してみて、

◎自然に続けられるもの
◎それらが本当のことなのだと実感できるもの
◎心身にとってよいと感じられるもの

は、ご自身にとって「あんぜんなもの／いいもの」なのでしょう。

一方、

◎自然に続けられないもの
◎本当に、本当だとわからないもの
◎心身にとって負担があったり、不調をもたらすもの

は、「あんぜんなもの／いいもの」とはいえない可能性があります。というより、しかるべき時間をかけて、生活のなかから自然と淘汰されていくでしょう。

わたしが、「実は危険な態度」だと思うのは、自分の内側にある恐

怖心や罪悪感（何への恐怖心か罪悪感かは、百人百様です）と結びつけて、それを「正義感」へと昇華させ、「〜でなければならない」と、がんじがらめに、排他的に、食べもののことを追求する態度です。

目がつり上がっているとき、眉間にシワを寄せているとき、「絶対に正しい」という気分になったとき、熱くなっているときほど、注意が必要です。そんなときほど、平常心を忘れないでください。

わたしは、困ったらいつでも「自然」というもののもつ「態度」を手本にします。

「自然」はいつも大らかかつ有機的です。

自然には、美しいものも、毒になるものも存在しています。「バランスしている」のです。

「あんぜんな食べもの」というのは、「自然」から発生したもの、「自然」のシステムに相似性、親和性のあるものだと思います。自然ならではの厳しさがあり、でもどこか大らかさがあって、やさしくて、シンプルで、たのしいもの。

「不自然」なもの、やりすぎなもの、まわりとの調和を欠くものは、「あんぜんだ」とはいえないかもしれません。

「あんぜんな食べもの」を追求する態度が、どうか利己的になりませんように。なぜなら、自然は、「利己的な態度」とは逆の存在だからです。

自然と調和できない人間は、わたしはやがて、淘汰されてしまうのではないかと思っています。「世界は、人間なしに始まったし、人間なしに終わるだろう」（『悲しき熱帯』クロード・レヴィ＝ストロース＝著　川田順造＝訳　中公クラシックス）です。

「毒」も少しの毒ならば、よいスパイスになりますが、増えすぎれば、自然が許容できなくなり、破壊がはじまります。自然は、饒舌《じょうぜつ》に、わたしたちの態度をあらためよと、あらゆる形でメッセージを送っています。

それは、狂信的に「毒」を排除する態度になることではなく、それよりも「自然」に学び、自分も自然の一部だと謙虚になる態度そのものなのだろうと、わたしは考えています。

あくまで、そのうえでの「あんぜんな食べもの」であろうと思うのです。

★自然って

「自然とは何か」とは、なんと哲学的な話なのでしょうか。この世には、光も闇もあって、全体が不思議にバランスをしていて、わたしがわかることは、「過ぎたるはなお及ばざるがごとし」ということだけです。光ばかりでも闇ばかりでも、調和しません。熱狂的に「正しいもの」ばかりを追い求めても、結果、バランスしない。それが自然というもののような気がします。自然とは成熟していることだし、成熟とは「塩梅」の問題なのですね。

朝ごはんのはなし

わたしは、もう長いあいだ、朝ごはんを食べません。

１日に３食は多いような気がするし、２食にしたって、まだまだ食べすぎているという気がするからです。お腹のすいている時間を積極的につくりたい。

でも、非日常としての朝ごはんは大好きです。名古屋の人たちみたいに、わざわざ喫茶店へ食べに行ったり、旅先や旅館で朝ごはんを食べることや、朝食にミーティングをしたりするのはとても好き。

朝ごはんといえば、わたしがまだ学生だったころ、「朝食の会」を企画していました。会員は男性２名、女性２名の４名が中心。

わたしたちは、朝、７時ごろに誰かの家に集まります。そうして、もちまわりで朝食をつくって、みんなに振る舞うのです。

学生時代の７時といったら、夜中も同然。プロのＤＪをやっていたある男の子なんて、あるとき、夜中にＤＪの仕事をして、そのまま寝ないでビーフストロガノフをつくって（朝からかい！　とツッコミを入れたくなりますが、なにせ彼はとてもおいしいビーフストロガノフをつくってくれたのです）、機材だらけの、井の頭線沿いの木造の狭い下宿で振る舞ってくれたこともありました。

朝食を食べたあと、そのままみんなでだらだらと夕方まで過ごすとか、誰かと誰かがひっついたとか、そういうエピソードはひとつとしてなく、朝食を食べて解散するというシュールな会でしたが、たいへん印象的な思い出です。

夜中に食事をするよりも、朝ごはんのほうがエキサイティングな気がするのは、朝という時間帯のもつ、独特の潔さのせいでしょうか。朝ごはんを、早朝、公園など緑いっぱいのなかで食べるのも、いつだってどこでだってできるのにもかかわらず、何かアナーキーな感じのする、緊張感のないだらけた意識を揺さぶる、どこか刺激的な行為だと思っています。

実際、恋人たちが深夜に会うよりも、早朝に会うっていうほうが、思いが強いような気がしませんか。朝って、不思議な時間ですね。

★朝ごはんは食べないけれど

どうしてもお腹がすいたときに食べるものは、熱くて薄いコーヒーと、「ツーロングＡ」（ナチュラルハウスなどに売っています）というクッキーを２本ほど。これでとても満足します。

Ⓑ

Bのつく喫茶店

かつてファッション誌のライターをしていたとき、ずいぶんたくさんの飲食店の取材をさせていただきました。ニューオープンの担当をさせていただいたり、ＧＷが近づくとかならず東京特集があって、あちこちのお店を取材するのです。そのなかでも、いちばんたくさん、取材ノートのページ数がかさんだのが新宿ベルク。

新宿ベルクは、朝７時から開いている、ＪＲ新宿駅改札を出たすぐの地下にあるカフェです。コーヒー、ビール、ソーセージにそれぞれ職人がいるのが売りもので、１日の来客数はなんと約1500人といいます。

安い早いうまい、で、いつもお客さんでいっぱい。肩を寄せながら食べる感じも新宿っぽい、東京らしいお店です。

店長の井野朋也さんと、副店長の迫川尚子さんの思いが熱くて、特に、垣根のない客層の話やなんかに、わたしのペンは、取材中、止まることを知りませんでした。

新宿といえば、もうひとつ、お気に入りなのが、ＢＵＮ。伊勢丹会館の１階にあって、主におじさん、さらにはおばさん、タバコを吸う人、吸わない人がごちゃまぜになってにぎわっています。

わたしはタバコを吸いませんし、煙もくもくのところは得意ではないけれど、それでもタバコがＯＫのお店はなんだか安心します。大ら

かな許しの
精神が感じられ
てほっとするのでし
ょうか。なにせ、同じよう
な人間ばかりいるお店よりも、
多種多民族、多様性のある人間がい
るお店は、ここちよいものです。

ＢＵＮは、友だちとの待ち合わせに使います。待ち合わせの時間よりも、早く行って、コーヒーを頼み、タマゴサンドやツナサンドを食べたいところ。このサンドイッチのおいしいのおいしくないのって。

似たような喫茶店では、銀座の蕃、渋谷・東急本店のトップも好き。名喫茶、とかではない喫茶店。東京では本当に減ってしまいました。

あ、あとＤのつくコーヒーショップやＫのつく喫茶店も好きです。どちらもチェーン店だけど、がんばってる。さて、みなさんはどんなコーヒーショップがお好き？

○ベルク→P.186

BEEF最新お肉問題

わたしが食べものにまつわることで、いちばん、解答に悩むのがお肉の問題です。「現段階での最新の意見としては」といういいかたしか、いつもできないでいるのです。

ある整体の先生——さまざまな自然療法を知り、東洋医学的なからだの知恵をたくさん知る人——は、ある朝起きた瞬間に「誰がお肉を食べてはいけないといったのだろう！」という思いにかられた、というはなしをしてくれたのですが、ものごとって、本来、「いい」も「悪い」も、「いい」も「だめ」もないんだと思っています。

あるころからわたしは、思想信条ということではなくて、自分からは、積極的にはお肉を食べなくなりました。だからといってベジタリアンというわけでもありません。

お肉、特に牛肉を食べると、（現段階での）わたしはこんなふうになります。

牛肉を食べると……、

◎食べた数分後に足がどっかり重くなる

◎口のなかが次の日くらいまで、ねばねばする
◎次の日に、むしょうにイライラする
◎ときに熱が出たり、吐いたりする

ただし、とっておきの例外があるのです。
それは（現時点では、ですが）、

◎ 好きな人と食べると、この症状が出ない

です。
ひょっとすると、好きな人と食べていると、「好きだなあ」「たのしいなあ」という波動が強くて、お肉のなんらかの波動を消してしまうのではないかと、（現段階では）仮定しています。

さて、わたしのまわりでもお肉を食べないという人が、近年とても増えてきました。

1　動物が殺されるときの「悲しみ」の波動を食べたくないから食べないという人

2　エコロジーの観点から食べないという人（一説には牛肉1キロを生産するのに、水は2000リットル、穀物は10キロ必要だといわれています。家畜の牛を食べることはエコじゃないのです）

3　動物愛護の観点から食べないという人

4　なんだかわからないけれど、自然に食べられなくなった人

ちなみにわたしの母は、もとからお肉もお魚も食べられませんが、本人曰く、「もとの動物の姿を思い出してしまって気もち悪くて食べられない」ということだそうです。

さて、ここからが本当に、わたしの最新の考えです。

お肉に関して、「冷えとり健康法」の考えかたが、現段階で理にかなっていると思っています。それは、「人間には犬歯があるのだから、少しはお肉を食べてよい」というものです。

また本来は、「自分でつかまえられる範囲のものを食べるのが、自然なのではないか」もいい線いっている気がします。

つまり、まぐろや牛を自分の手で殺せるか、ということです。実際、自分で殺せるものは、自分のからだに合っている、と考えられるのではないか。「極端な！」と思うかもしれませんが、スーパーに切り身だけ並んでいる姿だって、実は相当極端なかたちです。

家畜や養殖も、現時点では、それで生計を立てている人がいらっしゃるので、表現がむずかしいところですが、本来は、みずからが狩猟して食べるのが、もっとも理にかなった動物との向きあいかたなので

はないか。苦労して、矢を放ったり、罠《わな》をかけたりして、ようやくとれる、ほんの少しのお肉を感謝して食べるのが、お肉への態度というものなのではないか。実際、自分で殺したものは、自然と、神に捧げてから、こころから手を合わせて食べるように思います。

そんな「あたりまえ」を忘れたツケは、みんな、人間に、病気や戦争や自然破壊という形で、舞い戻ってくるのでしょう。
「まいた種だけを刈り取る」。これだけは、「現時点では」ということ抜きに、自信をもって、そうなんだと思っています。

★お肉についての雑感あれこれ

◎お肉を食べないでいると、どんどんお肉を食べられなくなる&食べたくなくなっていくなあと思います。ベジタリアンというのはこのように、「よりベジ」になっていくのではないかと仮定しています。

◎一方、あくまでわたしの経験でのことですが、野菜を食べていないと、野菜が食べられなくなるということはありません。

◎「お肉を食べないとスタミナがつかない」は真実ではないと思います。菜食をしている男性を何人か知っていますが、体格もよく、とても健康で、けっこうアグレッシブです。

◎わたしは、未来には、人類は肉食をしなくなるかもしれないと思っています。そのころには、犬歯もなくなっているかもしれません。

◎子どものころから菜食だという男の子に「4本足(家畜)より2本足(鳥類)、2本足より1本足(キノコ類)、1本足より足なし(海のもの)」と教えてもらいました。実際わたしも、そのように食べています。

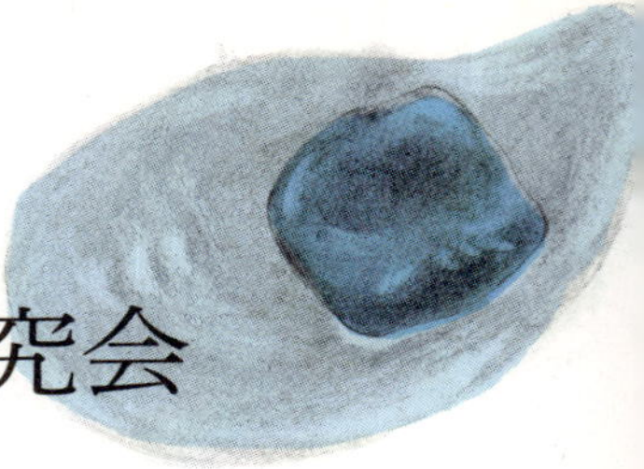

バタートースト研究会

友だちのアヤちゃんとわたしの共通点は、ひとりっ子であることと、バタートーストが大好きだということです。

こんがりと焼けたトースト、そして、そこにジュッとしみ込んだバター。

あまりにわたしたちがバタートーストが好きなため、「バタートースト研究会」略して「バタト研」なるものを発足しました。

活動といったって、たまたま出かけた先に喫茶店があれば入って、バタートーストを頼んで食べるというだけのことなんですが、かなりぼんやりしたふたりだけの活動も、だんだん経験が増えてきました。

バタートーストといったって、バターがじゅんわりとしみ込んだ分厚いトースト（バターのしみ具合を、ものさしではかりたいほどしみている店もある）から、薄くて品のよいトーストにあっさりとバターを塗ってあるものまで、いろいろなものがあります。どれがいいとか悪いとかではなく、バタートーストと名のつくものは、たいてい愛しています。

もちろん自分でもつくります。現在わたしの家には、冷蔵庫とトースターがないため、必然的に、網ないしはフライパンでパンを焼くことになるのですが、このトーストのおいしさといったら！

わたしは、バターがぎゅっと、いい具合にしみる感じが好きで、焼いている途中にどのタイミングでバターを投入するのがベストなのか、老舗の喫茶店へ入社して修行をさせてもらいたいほどですが、いまだ、最適解を導き出せてはいません（バターを早く投入すると、そこだけ白くなったりしてうまくないのです）。

昨今、わたしの仕事場のある原宿界隈、表参道界隈では、何やらパンケーキが大流行していますが、あれはどうなんでしょうか。

確かに、パンケーキが、若くて色白のぽっちゃりとした、ほっぺに蛍光ペンのインクを薄めて塗ったようなアイドルだとしたら、バタートーストはアラフォーの、少しだけシワの出てきた性格女優みたいなものかもしれません。パンケーキに比べて、かたいですしね。よく噛まないとならないし。

でも、わたしは、断然、バタートースト派。

ふわふわのパンケーキに押されて、かりかりのバタートーストがこの地から、消えてしまわないよう、しっかり「バタト研」の活動を続けていきたいと思っています。

実は、いつか『バタートーストの本』をつくるのも夢なんです。企画内容を夢想し、話すのも、「バタト研」の重要な活動のひとつです。

C

クリーニングツールとしての食べもの

「ホ・オポノポノ」ということばを聴いたことがありますか？

古代ハワイから伝わる問題解決法です。

ここ数年、この古くから伝わる方法をアレンジした、とてもユニークな「SITH ホ・オポノポノ」の本がたくさん出ています。

「ホ・オポノポノ」では、目の前にあらわれるできごと、問題は、自分の「記憶」が表出したもの、つまりは「100%自分の責任」としてとらえます。つまり、自分の「記憶」を浄化しない限り、問題は起こり続ける。逆にいえば、「記憶」のほうをクリーニングしてしまえば、問題は、もう自分の前に登場しない、と考えられています。

さて、この方法では、主に、ことばで、「記憶」の浄化《クリーニング》を行っていくのですが、食べものを食べることで、クリーニングになる、「クリーニングツール」なるものもあります。

えび　→　アルツハイマーに関する記憶のクリーニングに

そば（麺類全般）→　執着のクリーニングに

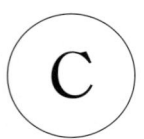

わたしは、特に、えびとおそばをクリーニングツールとしてよく食べるようにしています。クリーニングツールのおもしろいところは、現代社会のいわゆる栄養学とはまったく違う観点から選ばれていることです。

食べものは、ひとつの見かたからだけではなくて、非常に立体的に多次元的に見ることができて、食べもの自体が宇宙で、そこに数々の「位相」が存在するのでしょう。

クリーニングは、そのあるひとつの「位相」に光をあてて、わたしたちの「記憶」の浄化に役立つ、としているように思います。証明できるできないにかかわらず、わたし自身、実際に続けていると、「クリーニング」の意味が感覚的にわかってきたりもします。そういった「感覚」については、ことばはとても制限的なので、明文化ができませんが、食べものからわたしたちは、現在わかっている観点、知識、情報以上の「目に見えない何ものか」を得ているのですね。「クリーニングツール」はそんなことをわたしたちに教えてくれます。体験するのがいちばんです。

超能力者の食べもの

わたしはこれまでに、何人かの、超能力者と呼ばれる人に会ったことがあります。自分の意志に反してほとんど「見せられた」こともあるし、自分から積極的に会いに行ったこともあります。
なぜ、超能力者に会いたいか。おそらく、人間としての自分の枠を、広げたいからなのだと思います。わが意識の拡大に、役立つと思えるからです。

さて、そんな超能力者のひとりのおじいさんは、噂ですが、塩と金しか食べないと聴いたことがあります。わたしの知っている人が、そのおじいさんを大勢の人が囲んで食事をするシーンを見たとき、その全員のかたに立派なお弁当が配されたらしいのですが、そのおじいさんは口をつけることなく、じっと、座っていらしたそうです。

また、わたしの友人で、よく旅をする人がいるのですが、アメリカのサンフランシスコに住むある女性は、もう、光しか食べないといっていました。光を食べたらもうふつうの食事はしなくてもいられるのだそうです。

一方、いちばん最近に会った、超能力者の人は、あるおじさんですが、そのおじさんが書いた本を読んだら、一切の炭水化物をとらず、動物性たんぱく質だけをとっているとのことでした。

実際に、そのかたとお会いしたとき、ある超能力を見せてくださいました。とてもエネルギッシュで力強い超能力者のおじさんでした(とても魅力的なかたで、その人は、わたしが、毎日パソコンに向かいすぎていて、からだに静電気がたまりすぎているので、１年のうち１回か２回は、砂に埋まりなさい、と教えてくれました)。

また、超能力者ではないけれども、ある自然療法の先生は、３日３晩、何も食べずにいなければならなくなって、でも、ことさらにお腹がすいたり、力がなくなったりするようなことはなかった、と聴いたことがあります。

人間は、自由な存在になると、何をいつどう食べるか、ということにコントロールされなくなるのかもしれません。もちろん、その域に達するまでに、常人には、たくさんの高いレベルのさまざまな体験が必要なのでしょうけれども。

クリームソーダと喫茶店

子どものころ、母親と喫茶店へ行ったことを、時折思い出します。

母親とふたりで行くこともあったし、母の友人と３人ということもよくありました。

思い出すのは、名古屋の駅地下にある、喫茶店です。そこでわたしは緑色したクリームソーダをよく頼みました。そういうとき（「ハレ」の日）だけ甘いものが特別に許されるのです。

母親たちのおしゃべりを聴きながら、ストローに口をつけて、舌が真緑になるのを親たちに見せながら（見せたって母親たちは、「そうねえ」といってちらっとこちらを見る程度で興味なんかないのです、おしゃべりに夢中で)、緑色のソーダとアイスクリームを堪能するのです。

いつだったか、それもまだわたしが幼稚園へ通っていたころ、レンガでつくられた喫茶店に、母とふたりで行ったことを思い出します。

あれは、生まれてはじめて、映画というものを観た帰りだったか(映画は、ディズニーの『バンビ』だった)。そこで、母は、お水だったか飲みものを盛大にこぼしました。平日の昼下がりで、外は、とてもよいお天気で、わたしたちは優雅にお茶をしていたのですが、テーブルの上に盛大にこぼしてしまった母の様子を見て、また、ふたりきりで喫茶店にいることに何か突然こころもとなさを感じ、そこはかとなく、孤独感に包まれたのを昨日のことのように感じます。

だから、いまだに、喫茶店で若い母親と小さな子どもがふたりで食事をしていたりすると、たまらない気持ちになることがあります。

ちっとも孤独なんかじゃないのにね。

若かった母は、泣き虫で少し頼りなくて、外出には父が必要だ、とそんな思い込みがこころにしみついているからなのでしょうか。

いまだに、母とは、ふたりで喫茶店へ行きます。そうして、母のはなしをだらだらと聴く時間がわたしは好きです。

★ときどきの「ハレ」の効用

わたしの家は、あるころから食に対してとても厳しい家になりました（くわしくは次ページから書きました）。それでも、このように外に出かけたときなどには、クリームソーダを飲むこともありました。同じくらい強烈に覚えているのは、富山の総曲輪《そうがわ》でときどき食べたポテトフライです。いまだにポテトフライが好きなのは、あの思い出のせいです。スローモーションで思い出せるくらい、印象深いすてきな思い出。禁欲すぎるのは問題だけれど、いつも「ハレ」の日ばかりじゃ、たのしいこともかすみますよね。子育てのときに、これは、なかなか大切なヒントなんじゃないかと思っています。毎日おかしとジュースばかりじゃ、そりゃ、舌もからだも幸福感に対しても、鈍感になるってものだと思います。

D

父《ダディ》との思い出

わたしの母が、自然食に目覚めたのは、1970年代のことでした。有吉佐和子の『複合汚染』(新潮文庫)が話題となったころ。転勤族だったわたしたち家族は、当時、三重県津市に住んでいたのですが、うちの裏に住んでいた、三重大学のミカミ先生というかたから界面活性剤が危険だというはなしを聴いて、母や父はとても影響を受けて、すっかり「そちらの世界」の住人になっていったのでした。

わたしは、大きくなるまで、家でチョコレートを食べた記憶がほぼありません。コーラを生まれてはじめて飲んだのは親戚の家で、小学3年生の夏でした。小学生ともなれば、帰りにだがし屋さんに寄れる自由は手にしていたので、それなりに、添加物がたっぷり入った、なぞの梅のおかしとか、ベビースターラーメンとか、オレンジ味の10円のフーセンガムとか、ごく平均的な小学生の生活よろしく、こっそり、そういったもののお世話にはなっていたのですが、家で食べた記憶がない。いや、それどころか、わたしの家にあるおかしといえば、野菜チップス(味なんかしなくて、ポテトチップスがうらやましかったです)。歯みがきといえば「パックス石けんハミガキ」(石けんの味がして、歯を磨いていると、よく「おえ」となってしまい、「ホワイトアンドホワイト」がうらやましかったです)。洗濯洗剤といえば、ミヨシの粉石けん(ぜんぜんいいにおいがしなくて、「アタック」の香りがうらやましかったです）といった具合。つまり、ミカミ先生に出合って以来、わが家には、添加物や、石油由来の界面活性剤の類が一切なくなってしまったのです。

やがて、うちの家族はまた父が転勤になり、名古屋の本山《もとやま》の坂の上にある社宅に引っ越していきました。わたしが幼稚園に通っていたころでした。父は、ときどき、朝、わたしに走りに行こうと誘います。早朝の道をのたのたと走る。いや、歩いていたのかもしれない。そうすると、道にこつ然とあらわれるのが（今思えば、少し、不思議なのですが）、「カップヌードル」の自販機なのでした。父は、「おかあさんには、内緒だぞ」といって、そのカップヌードルを買って、ベンチに腰掛け、わたしにも食べさせるのです。父と、早朝食べるカップヌードル。守られたなかで悪いことをするって、心底わくわくしますね。そういえば、山登りしたときも、父が、小川の近くで、ひとやすみしたときに「アポロ」を食べさせてくれたっけ（あとにも先にも家族がわたしにチョコレートを食べさせてくれたのはあのときだけです）。

父と母は、わたしを育てるときに、どちらかが怒ったら、どちらかがわたしにやさしくする、とふたりで決めていたそうです。食べものに関しても、そういうわけで、ふたりそろって、ガチエコなのではなかった。特に父には、そういうところがありました。家族のけっこう深刻な場面で、軽く悪さをしながら、こっそりと、ほかの人には見えないようにわたしにウインクしたりするのです。

いや、今、冷静になって考えてみたら、カップヌードルの自販機があんな場所にあって、しかもそれを早朝に食べるって、全部が夢だったのかもしれません。父に聴いてみたら、「まったく記憶にない」っていっていました。

Ⓔ

エドガー・ケイシーの知恵

先日、『知恵の宝庫　エドガー・ケイシー名言集』（林陽＝編訳　中央アート出版社＝刊）という本を読んでいたら、「食物の薬効を知れ」という項目があって、なかなかにおもしろかったです。

エドガー・ケイシーは、18世紀に生まれて1945年まで生きた人。ふだんは平均的なアメリカ人でしたが、催眠状態に入ると、時空を超えて「普遍意識」と呼ばれるものに触れて、個人と集団の現在、過去、未来を見通すことができたといわれています。１万4000件以上の催眠透視を行い、医学的診断のほか、各種学問、職業指導、世界情勢などの問題にまで応えたといいます。

医学については、からだ、こころ、魂の一体を基礎とする、ホリスティックな観点から、診断と治療の提案を行いました。

おもしろいと思った、食べものの知恵を、同書から少しだけご紹介します。

「酸性２割にアルカリをつくる食品８割が正常な食生活です」
「週に少なくとも３度は、ホットシリアル（注：玄米粥やオートミール）をとりなさい。煮過ぎてビタミンを崩さぬようにすれば、体の抵抗力を強める血行に不可欠な、鉄、珪素、ビタミンが比率よく得られます」
「毎日の食事に視力に直結する野菜をたくさん加えなさい。ニンジン、グリーンピース、緑の豆類、タマネギ、ビートなど」
「１日２回、純良なオリーブオイルを茶さじ半分とれば、消化と、造血に役立つ肝臓の働きを助けます」
「古いコーヒー豆の粉で頭皮をマッサージするのも効果的です。髪の色を保たせるだけではなく、育毛効果もあります」
「１日１個のアーモンドでリンゴよりはるかに医者知らずになれます。それも特殊な医者を遠ざけます。リンゴは秋に実りますが、アーモンドはすべてのものが枯れるときに花開きます。それは生命であると覚えなさい。毎日１個アーモンドを食べ続ければ、体内に腫瘍の蓄積に類する症状をもたなくなります」
「少量のレモン果汁に塩を加えて、就寝直前に飲用すれば、体は助けられて、よく眠れるようになります」

このなかでわたしが試したことがあるのは、就寝前に、レモン果汁に塩を加えて飲む、というものです。３日間くらい続けたのですがよく眠れたといえば眠れましたし、なくても眠れたかもしれないなとも思います。ふだんオートミールなど食べないのですが、実験したくなって、ついオートミールも買ってしまいました。

「正しい／正しくない」よりは、実験欲がそそられるのが、わたしにとってのエドガー・ケイシーの魅力です。

食べる《イート》方法について、
一度は素直に受けとってみる

今、巷には、「食べかた」への指南にあふれています。わたしが見たり、聴いたりしたことがあるだけでも、こんなにあります。

マクロビオティック《玄米菜食》、ローフード、フルーツモーニング、１日１食だけ食べる方法、ファスティング（断食）、東城百合子《とうじょうゆりこ》さんの料理法、辰巳芳子《たつみよしこ》さんの料理法、冷えとり健康法の食べかた、弓田亨《ゆみたとおる》さんのルネサンスごはん、ルドルフ・シュタイナーの哲学である、アントロポゾフィーに基づく食べかた、粗食を愛する食べかた、貝原益見《かいばらえきけん》『養生訓《ようじょうくん》』で紹介される食べかた、エドガー・ケイシーによる食べかた、アーユルヴェーダの食べかた、東洋医学の食べかた、西洋医学に基づく栄養学をベースにした食べかた、ベジタリアン、ヴィーガン（動物性の食べものを一切とらない人のこと）のための食べかた。

どういった食べかたが自分に合うのかは、自分のもつそのときの波動に共振するのでしょう。もちろん相性もあると思います。

わたしは、「食べかた」が自分に合うかどうかを見るときに、それを実践している「人」を見ます。顔つきを見るわけです。肌がかさか

さしていたり、黒ずんでいたり、極端にやせていたり、神経質な人が多くないか、怒りっぽくないか、など、よく観察します。
「何がいい／悪い」ということはありません。ただ、おいしいのはもちろんのこと、自分が本当に大切だと思っていること——たのしさ、無邪気さ、そして全体としての健康など——と合致するかどうかを、その人全体を見て、判断するのです。

さらに大事にするのは、それにトライするときに、「にわか」でやらないことです。いったん「型」をしっかり覚えます。最初からアレンジはしません。「型」をしっかりからだにしみ込ませてから、自分らしく崩していく。しっかり「型」を続けていくと、「つくり手」の根本の意図に触れる瞬間があります。にわかでやったのではわからない「魂」みたいなものが。それを知るには、基本通りにやる、ということが大切だと考えます。

そして何より大事なことは、自分のからだで試してみるという態度です。ほかの人に合うものが自分に合うとは限りません。からだが、自分に合うものは何か、いちばんの答えを教えてくれるはずです。

とにかくなんでも鵜呑みにしてしまうというような態度も幼稚ならば、なんでも「型」をバカにして、いい加減にやっつける態度も、どこか同類で高慢だと思います。

素直に一度は受けとってみて、「型」がからだに入ったら、自分らしくアレンジしていくというのが、食卓も人生もおもしろくすると思うのですが、いかがでしょうか。

エディターめし

20代のはじめのころに、編集者になってわかったことは、編集者はとてつもなく忙しいということでした。わたしが最初に入った編集部は特に小さな編集部で、なんでもかんでも自分たちでやるから、朝から晩まで働きづめでした。

食事の時間はいつもぐちゃぐちゃ。ほうっておくと食べるのを忘れるなんてこともざら。外食が続く。そうして数年経ち、結局わたしはからだを壊してしまったのです。

そんな折、『暮しの手帖』の花森安治《はなもりやすじ》さんが、編集部でご飯を炊いて食事をしていたことを知り、いつか自分も自由がきくようになったら、ごはんをつくる編集部にしようと決めていました。

今、わが編集部では、よくごはんをつくります。仕事場の奥にキッチンがあって、つくりたい人がつくれるようになっています。

なんでもない食事です。基本はあっという間にできるものばかり。ご飯を炊いて、お味噌汁をつくって、おかずを１品か２品。それでも、ランチをみんなととるのは、とてもほっとするひととき。忙しいときに、さっと食べられるのもいい。

わたしが編集している『マーマーマガジン』という小さな雑誌の読

者プレゼントの定番人気は、「編集部のランチ」です。交通費は自腹であるのに、先日は、鹿児島からもご応募がありました。読者のかたを編集部に招いて食事をしている編集部も珍しいと思いますが、読者のかたと近づくことができて、とてもたのしい企画なのです。これは、ぜひ続けていきたいと考えています。

★わが編集部で人気のメニューをご紹介します。

◎車麩《くるまふ》のステーキ

自然食品店へ行くと大きな車麩が売っています。車麩は煮るのもいいけれど、焼いたりあげたりすると、たまらなくおいしい。車麩を水につけて戻したら、全粒粉の小麦粉を軽くまぶして、オリーブオイルでかりっと焼きます。お味噌などをつけて食べると最高。あげるならばフライと同じ要領で、パン粉をつけて、あげ焼きにします。

◎キャベツのホットサラダ

料理家のたかはしよしこちゃんの家で食べたのを再現したもの。ル・クルーゼかそれ的なお鍋に、キャベツ半分を6等分したもの、ちりめんじゃこ、梅びしお、レモン汁、オリーブオイル、水少々を入れて、数分間蒸すだけ。食べるときに混ぜます。「もう一品」に便利。ちりめんじゃこと梅びしおのかわりにオイルサーディンにすることも。

◎トマトとお豆腐の炒めもの

中華でトマトと卵を炒める料理、あれのお豆腐版。よく熟したトマト（完熟がポイント）をざく切りにして、オリーブオイルで炒めます。よく汁が出てきたら、絹のお豆腐（絹がポイント）を投入。ざっくり混ぜて、充分火が通ったら、塩・こしょうをしてできあがり。ご飯に合う。最初からご飯にのせたトマト豆腐丼もおすすめ。

◎大根とにんじんと厚あげの煮もの

大根とにんじんはざく切りに、厚あげは三角に切る。米油を鍋にしき、大根とにんじんを炒めます。火がざっくり通ったら、だし（かつおだしまたは、煮干し、昆布、干ししいたけを戻した「弓田だし」P.165も合う）を入れてしんなりするまで煮ます。次に厚あげを投入。てんさい糖、お醤油、お酒を入れて、しばらく煮たら、できあがり。

◎レモンとオリーブオイルのドレッシングで食べるサラダ

P.114のレモンとオリーブオイルだけでつくるストイックなドレッシングは、なんにでも合います。わたしの好きなのは、サニーレタスやグリーンレタスをていねいにちぎって水気をとり、きゅうりを少し大きめにざく切りにして、あとは適当に旬の野菜を入れて、手でよくあえて食べるというもの。手であえることが大切です。

◎豆乳の中華風湯豆腐（お豆腐の豆乳半身浴）

友人に習い大好きになったレシピ。豆乳にだしを投入（さりげなくダジャレ）。醤油や塩で味を調えて。そのスープに豆腐を投入。お豆腐が半身浴しているイメージで。そこにみじん切りしたザーサイをのせる。冬はあたためて。夏は冷たいまま。みょうがやごまなど薬味を足しても美味。ふだんはしないけれど、ごま油をたらすとさらにグー。

◎ピーマンの甘辛煮

ピーマンのヘタと種をとります。オリーブオイルか米油で軽く炒めま

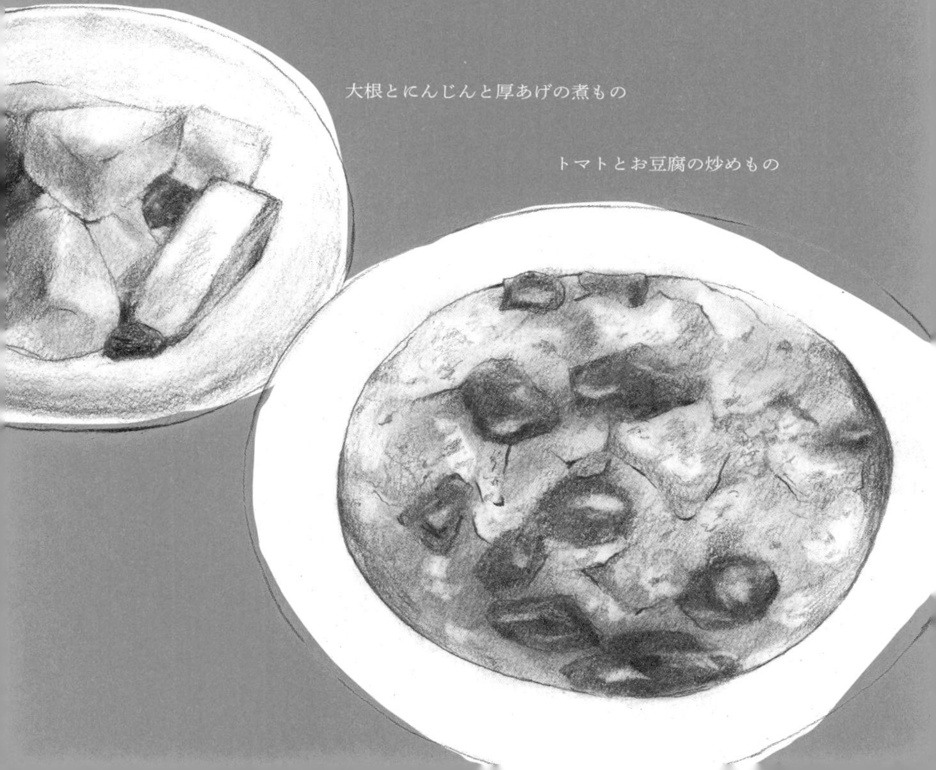

大根とにんじんと厚あげの煮もの

トマトとお豆腐の炒めもの

す。その後、だし（かつおだしか「弓田だし」）をピーマンがざっと隠れる程度に入れて煮ます。てんさい糖、塩少々、醤油、酒（入れなくても可）を入れて、煮つめていく。大量のピーマンがあるときに便利。冷めてもおいしいのでお弁当のおかずにも。

◎れんこんのステーキ
これもたかはしよしこちゃんに教わった料理です。れんこんを大胆に太め（3〜4センチ幅）で厚切りに。米油をしいて、フライパンでじわじわ焼きます。様子を見ながら20分は焼きます。お塩を添えてできあがり。ビートのステーキもおいしいです。輪切りにしたビートをオリーブオイルで焼くだけ。これもお塩だけでどうぞ。

◎ムングダールのスープ
P.118のつくりかたへ。ムングダールは、カレーに入れてもおいしいです。

◎芽キャベツの素あげ
マーマーマガジン編集部の近所にベルギービールのお店があって、そこで出されていたお料理をまねしてみました。芽キャベツをただ素あげするというだけなのですが、涙が出るほどおいしいです。お塩だけで食べるのがポイントです。

なお、編集部の食事のルールは、

◎つくりたいと
思った人がつくる
◎つくらなかった人が
お皿を洗う
◎スタッフは
1食200円払う

です。

F

フォークとナイフのはなし

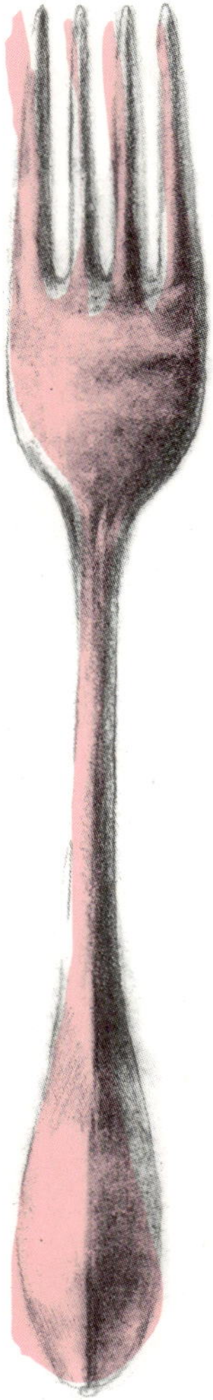

わたしの父と母は、お見合いをして結婚したのですが、母が父と結婚するのを決めた決め手のひとつは、「手がきれいだったから」なのだそうです。

わたしの場合は、それが、これまた遺伝なのか、手にかかわることで、なぜかフォークとナイフの使いかたなのです。

男性と食事をして、お箸ではなく、フォークとナイフの使いかたが美しいと、それだけで、こころのなかで恋の花が、ふわっ、ふわっ、ふわっ、ふわっ、と美しく咲いていきます。

逆にどんなにすてきな人でも、フォークとナイフの使いかたが美しくないと、咲きかけた花も、ふぉわんわんわんわんわわわわわ（残念なときに一般的によく流れる音楽）、というふうに、しぼんでしまいます。

なぜ、フォークとナイフなのだろう？　理由はわかりません。前世の記憶とやらなのか？

前世の記憶といえば、わたしは、よ

く編集部で食事をつくるのですが、あるとき４人の人に短い時間で手早く料理をつくりました。「みれいさんは、すごいねえ、こんなに短い時間でこれだけたくさんのメニューをつくって」といっていただきました。

そのときです。わたしは、はっきりとある声を聞きました。「３、４人、わけない」。

太い女性の声でした。

その声は、まちがいなく、わたしの声ではなかった。がしかし、わたしの内側からした声なのでした。

そのとき突如わたしの目には、修道院の長い椅子に大勢の修道女たちが座っている様子がありありと浮かんだのです。それと同時に、その修道院で、自分は、大勢の人のために料理をつくっていたことをはっきりと思い出したのでした。数十人の料理を毎日つくっていた（であろう）わたしは、３、４人の料理をつくることなどわけない、わけです。

フォークとナイフの使いかたが気になるのは、そのころの記憶なんじゃないかと、最近では勝手に、そう思っています。

太る／やせる、よりも、ネッ

食べるということは、太るということにも深い関係があります。
食べることに、よくも悪くも「反応」してしまうのは、太るということと、どこか繊細に関係しているからなのでしょう。

食べるとは、生きていくためのもの。からだをつくるためのもの、こころの満足のためのもの、快楽のためのもの、JOYとしてのもの、たくさんの側面があるけれども、美しさ、ということとも深い関わりがあります。何を食べるかで、自分の美しさは、変容します。食べものは、美しさ、をつくるものでもあるのです。
美しさとは多くの現代の女性にとって、太る／やせるということと関係しているようです。「ようです」なんて、人ごとのように表現してしまったのは、美しさというのは、そう単純に太っている／やせている、と関係しているわけではないからです。
先日も、「若づくり」と「きれい」の違いについて、友人と語り合いました。その友人は、「若づくりしている人はきらい。きれいな人は好き」というので、なぜ？　と聴いたら、「若づくりは、自分を受け入れていない。きれいな人は、自分を受け入れている。自分を受け入れている人は、おのずときれいである」といっていました。自己否定と自己肯定の違いです。なるほど。納得のいく説明です。

美しさ、というときに、この自己肯定感が、本当に大切です。本当に、本当に、大切なのです。太っているとやせているということは、本当は、二の次の問題なのです。

そういうと「やせてたら受け入れられて、太ってると受け入れられないの！」という人がかならずいるのですが、わたしがしたいのは、それ以前の話です。魂の話です。自分の魂と対話しているかどうか。条件によって、「好き」とか「きらい」とかいうレベルの話じゃなくて、自分が自分であろうとしているかどうか、自分の人生のハンドルを握ろうと思っているかどうか、これまであったしんどいことを手放そうとしているか、許そうと思っているか、感謝しているか、愛そうと思っているか。そういった類の話です。

本当のダイエットは、ダイエットから離れることです。この話には自信があります。真の問題解決は、その問題から離れたところにあるのです。不妊だと思い込んでいる人が、基礎体温を計るのをやめたとたん、妊娠することがあるように。目先の結果ほしさに、問題解決の負のスパイラルにハマらないことです。もしも、ダイエットしたいならば、ダイエットをやめて、からだを健康にし、こころをきれいにすることを考えたほうが早いのです。「出せる」からだづくりをするほうが先決です。あなたの弱みにつけこんで、あなたの心身をむさぼる、あらゆる産業に、どうかだまされ続けませんように。

G

ガッツポーズと福よしのはなし

かつて原宿のデザイン事務所に勤めていたスタッフのM君は、やたらと原宿近辺のランチ事情に詳しくて、わたしの仕事場が原宿駅近くに移ったころには、よくM君に、ランチのイケてるお店に連れて行ってもらったものです。

M君に教えてもらったお店は数あれど、スタッフのみんなが好きなお店といえば、裏原のおしゃれショップが並ぶ界隈にある「福よし」。長いカウンターがあって、奥に少しだけテーブル席のあるお店です。

何より、この「福よし」といえば、カウンターのなかにいる店主のおじさんです。

あげものがあがるたびにガッツポーズ。あげものをまな板の上でカットするたびにガッツポーズ（ちなみに、カットの速さが尋常ではない。たぶん１秒くらいであげものを８つくらいに切ってしまう！）。お皿の上に置いてガッツポーズ。お客さんの前に出してガッツポーズ。

ガッツポーズといっても、決して大きくするわけじゃない。

そのガッツポーズ、店主のおじさんが、誰に見せるというわけじゃない、自分のために、お腹の底からわき上がってくる感情を、最大限に抑制しながら、でもしかし、思わず、はからずも、あらわれてしまったわき上がる達成感が、小さな小さなガッツポーズとなってあらわれるといった類の、カウンター内でする、お客さんに邪魔にならない範囲でキマる、ガッツポーズなのです。

そんなガッツポーズを眺めながら待つこと数分。あつあつのご飯、お味噌汁、お新香と、カウンターに並んでいきます。最後が、あげもののお皿。

スタッフのみんなが好きなのは、ミックスフライ定食です。

メンチカツ、コロッケ、小さなカツなどが、てんこもり。

たっぷりのキャベツに、ポテトサラダもついています。お味噌汁とあつあつのご飯、お新香とともに、1000円なり。

たいへん量なのに、残さず食べることができるのは、食材の新鮮さと油のよさ。否、何より店主のおじさんの、気のよさ、なのだと思う。よい「気」であげられたミックスフライ定食。

震災直後に行ったら、もうガラガラで、店主のおじさんの顔色もうっすら黒くなっていて（本当に黒くなっていたんです。人間、困ると顔が黒くなるものなのですね）、もちろんガッツポーズも消えてしまって、心底心配したのですが、このあいだ行ったら、お店は満員、ガッツポーズも健在、おじさんのお顔もふだんの色に戻っていたのでした。

街の食べもの屋さんは、こうでなくっちゃ、ね。

○福よし→P.186

玄米をどう考える？

ここ数年、玄米を食べる人がとても多くなったように感じます。

玄米は、とても、よい食べものだと思います。

純粋で、力強くて、「そのまま全体」で、素朴で、素直。

人にたとえるならば、昔の日本人のよう。

障子、ふすま、畳で暮らし、太陽が出たら起きて、太陽が沈んだら眠って、粗食に耐え、厳しい労働にいそしみ、自然とともに、暮らしていたころの日本人。着物を着ていたころの日本人。「アメニモマケズ」の世界の日本人です。

玄米は、そのころの日本人の波動と近いように思います。

でも、だからこそ、注意が必要なように感じるのです。

玄米を食べるという選択をするということは、その、純粋さの波動も食べているわけで、玄米を食べはじめると、おのずと、玄米以外のもの、おかずや、おつけものや、さらには暮らし全体や、もっといえば生きかたをも変わっていくものなのだろうと思うのです。

以前、ある友人と再会したことがあります。久しぶりに会った彼はとてもやせていました。聴けば、ガールフレンドの影響で玄米を食べるようになったという。とてもいいことだと思いました。でももっと聴けば、彼は、それ以外のものは、お肉を食べたり、ファストな外食も食べたりしているのです。

また、たまたまなのですが、その彼が玄米を食べるところを見る機会もありました。そうしたら、白米を食べるように食べている。よく噛んで食べていないのです。

玄米は、最低でも30回、できれば50回は噛みなさい、といわれています（玄米でなくても、これくらい噛むことは、とても大切なことです）。

そして、玄米の波動と似たもの、特に旬の野菜とともに食べることがとても大事なのだと思います。

最近では玄米弁当なるものも手軽に出回っていて、これまたとてもすてきなことだとは思うのですが、ハンバーグなどと一緒に入っていると、「これらを同時に食べて、消化はどうなのだろう？」と腕組みしてしまいます。室町時代の田舎で農業をする日本人と、東京の原宿あたりでスニーカーを買っている人が一緒に暮らしているくらい、波動が違うと感じるのです。

玄米を食べるのは、あたらしい時代をあたらしく生きていく道、それを山登りにたとえるならば、とてもよいルートのひとつです。

だけれども、少しずつ、少しずつ、周辺のあれこれも、玄米の波動になっていくのが自然な姿だと思っています。

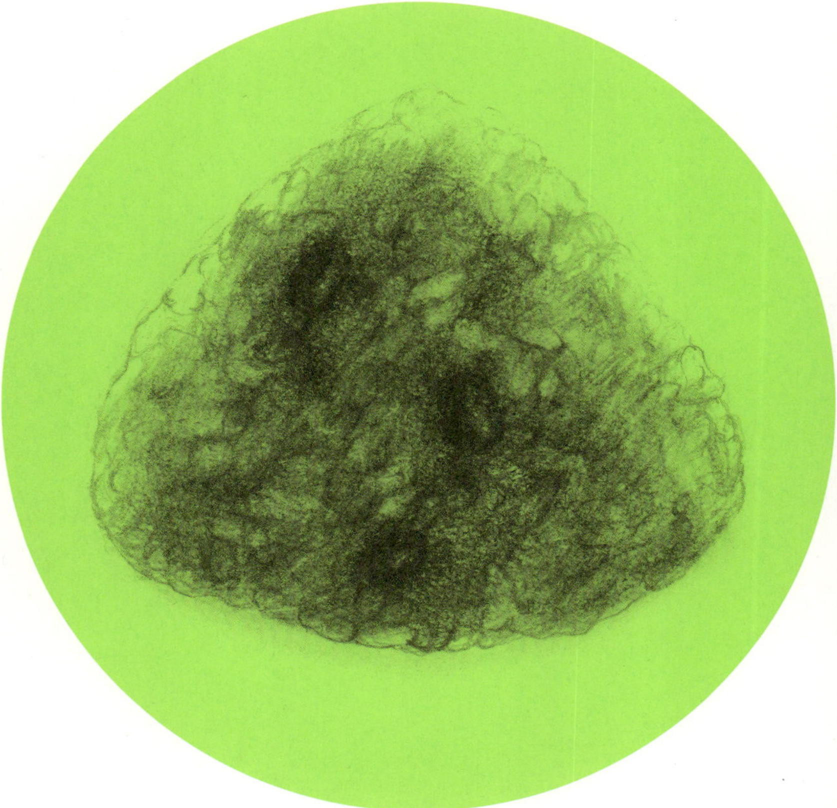

全部が、昔のお百姓さん的な波動になる必要はありません。でも、自分の立ち位置はいったいどこなのかを自覚していることは必要です。その自覚がないままに、よく噛まずに玄米を食べると、せっかくの「いいもの」まで一緒に出ていってしまって、わたしの会った男の子みたいになってしまう。

食べたことがないよりは、食べたことがあるほうがいいのでしょうが、玄米を食べるということは、とても純粋な、古来の日本人の波動を食べるのだということと、よく噛んで食べるものなのだとこころに置くことがセットだと、おもしろい体験ができるように思っています。

わたし自身は、自分の体質に玄米が合わないのと（漢方の専門家にも、アーユルヴェーダの専門医にもそのように指摘されました）、どろどろになるまで噛むという根性がないため（情けないはなしです）、玄米を食べるときには、長岡式酵素玄米を食べています。酵素玄米は、一般的な玄米にあずきと塩を足してある特殊な方法により炊いてつくります（玄米の種類ではなく、調理の方法です）。まるで錬金術のように、または何かの儀式のように、こころをただして、精妙に炊きあげます。

★わたしが食べている玄米
「長岡式酵素玄米」玄米をあずきと塩とで特殊な方法で炊きます。業務用の大きなジャーで保存するのですが、毎日かき回して空気を入れて、ある温度で保存し続けると、半永久的に保存できるといわれています。消化のスピードは、白米の半分。たいへんみずみずしくおいしい味がします。講習会へ行って習います。

牛乳のはなし

わたしは、いつのころからか、牛乳を飲まなくなりました。

そうだ、あれは、最初に勤めた雑誌の編集部で上司に、

「牛乳は、牛の子どもが飲むものでしょう？　あなたは人間なんだから、おかあさんのお乳を飲むならわかるけれど、どうして人間が牛のお乳を飲むわけ？」

といわれて、確かにそうだとやたらとふに落ちて、それ以来、ほとんど飲むのをやめてしまったのです。

「牛乳がからだにいい」って、本当なのでしょうか。牛の乳を人間が飲む——。みなさんもご自分でよく調べてみてください。

もちろん、すごく悪いとも思いません。わたしも飲むときには、安全性の高い、できる限り自然の状態でとられた牛乳を飲むようにしています。とはいえ飲むのは年に１、２回です。

わたしは、牛乳に限らず、食品を選ぶときに判断に迷ったら、100年も200年も前から日本人が食べていたものがまちがいがないのではないかと思っています。

100年前、日本人は、牛肉を食べていたでしょうか。ヨーグルトを食べていたでしょうか。フォアグラを食べていたでしょうか。

たまになら自然だと思います。

過ぎたるはなお及ばざるがごとし、です。

毎日食べるものは、昔から、この地で、この地に住む人々が食べてきたものを食べるのが、からだとこころにまちがいがありません。「ふつう」は非常に理にかなっているのです。

H

冷えとりと食

食事にまつわるメソッドは数あれど、大切なことは実はシンプルで、手足、枝葉のこともいいけれど、食べるということについての幹、否、根っこに立ち戻る必要があると感じます。

陰陽を知って食べる？　オッケー。体質に合うものを食べる？　オッケー。加熱したものを食べない？　オッケー。お肉を食べない？　オッケー。ヴィーガン？　オッケー。小麦粉を食べない？　オッケー。全部オッケーなのです。

それらの方法は、それぞれの「位相」に存在していて、デパートの階層のように（どれが上、どれが下というわけではないです）、別々の位置にいる。ただそれだけなのです。デパートのそれぞれの階（食事方法）を見て回るのもいいでしょう。あれがいい、これはよくないとジャッジする時期もあるかもしれません。どの階にもヒントはあり、その人に合うものがあるのだと思います。プレタポルテが好きな人もいれば、カジュアルラインが自分にはしっくりくる、という人もいる、というふうに。

でも、そのなかでも、わたしは、これをやっていたら大丈夫なのじゃないかというメソッドがあります。それは、次のページのこのようなことです。

◎よく噛んで食べる。
◎食べすぎない。
◎感謝して食べる。
◎少しは毒のものも、スパイス的に食べる。

これらは、どの食事療法でもあてはまることで、すべてを網羅できる「ユニバーサルデザイン」的食事法であると思っています。

これは、わたしは、「冷えとり健康法」の食べかたから知りました。

もちろん、もっと詳しい考えかたについてその進藤義晴先生は、そのご著書で紹介していますが、わたしが、食についての考えかたで、誰にとっても基本となるのは、この考えかただと思っています。ほかの「階」でもいっていることでもあります。

なんでも、病気の原因の９割は「食べすぎ」からきているという説もあるとか。食べすぎということさえも制することができない、いや、これこそがむずかしいというのは、現代の病的な部分を、非常に如実にあらわしています。「つい食べすぎてしまうようになっている」こと自体が、現代のしくみのひとつに完全に組み込まれてしまっているともいえそうです。すごい時代です。

編集部の食卓

編集部には、真四角の、それは古い木のテーブルがあって、そこにたいてい、４人、多ければがんばって６人が座って肩を寄せあって食事をします。

わたしが料理をすることが多いのですが、だいたい前日から、だし（煮干し、昆布、干ししいたけ）を仕込んでおいて、お米は朝来たら、お水にひたしておきます。実際に料理するのは、11時半か、12時から。仕事をしながらなので、あまり時間はかけません。炊き込みご飯をするときも、11時半から仕込んで、30分ほど煮て、炊飯器にかけます。ご飯が炊けて、具と混ぜる段階などは、少し段階を端折ってやることが多い。ご飯を準備しておいてから、煮ものをしたり、焼きものをしたりします。わたしは同時に３品くらいをつくります。編集部中に、だしの香りと、煮ものの香りが立ち込めます。

12時半〜１時くらいには完成するのですが、だいたいこれくらいの時間になると、みんなお腹がすいてくるため、「何か手伝いましょうか」と誰かがたいてい声をかけてくれます。そうして、お椀を出してもらったり、お箸を並べてもらったりします。

そうして三々五々集まってきて、ご飯をよそったり、白湯を注いだり（食事中は白湯をすすります）、お味噌汁をついだりする。そうして全員席に着いたところで、「いただきます」と食べはじめます。小さなテラスに咲いたお花を見て、窓を開けて、食事をする時間は至福です。

たいていおいしいので、自分は、おしげもなく自分の料理を「おいしいおいしい」といって食べて、みんなも「おいしいおいしい」といって食べます。たいていおかわりの声があがります。

食べ終わると、誰かがお茶を淹れてくれて、お茶を飲んで、ここで何か、軽い甘いものを食べることもある。ここまで一緒にいると、スタッフの人たちのなんでもない毎日のはなしだったり、けっこうディープなはなしを聴くこともある。それをみんなでお茶をすすりながら聴きます。

２時ごろに食事は終わり、またデスクに戻っていって、仕事をします。昼食後から２時間は、「没頭タイム」と呼ばれて、誰とも話さない時間になっているので、静かに集中します。

お皿は誰ともなく洗うということになっていて、誰も洗わないということは絶対にありません。たいてい２名くらいが申し出てやってくれることが多いです。

ルールにしばられて行動するのがわたしがきらいなので、ルールが生まれてこないように、工夫をしています。つまり、ルールが生まれないように行動するのが唯一のルール。みんなが少しずつ、自分自身を先に差し出すようになれば、ルールもやらされた感じもなくなって、とてもたのしい。残ったご飯は、遅くまで残る編集部員の夕食になったり、次の日に、別のものに変えて出したりします。

炊き込みご飯はたくさん余ると、翌日、梅と青じそ、しょうがなどを入れて、チャーハンにする。みんなこのチャーハンの大ファンです。

編集部の庭

2011年3月11日を経て、変わったことのひとつに、編集部のテラスに、小さな農園をつくったことがあります。

テラスを農園にする計画は、2010年からあったのです。でもお恥ずかしいことに、ずっとほったらかしていました。

2011年は、4月から、里芋、じゃがいも、各種ハーブ、トマトなどをつくりました。

今年もトライします。近い将来には、ひふみ農園のやりかたに挑戦しようとしています。農薬を使わない、自然農法での農業です。

＊ひふみ農園とは？

「日月神示」の考えかたに基づき、中矢伸一さんらのグループが営む農園。自然の力をできるだけ利用した、無農薬・無科学肥料で安心・安全な野菜づくりに取り組んでいる。群馬県赤城《あかぎ》山麓、丹波篠山《たんばささやま》、福島にあり。

母の料理

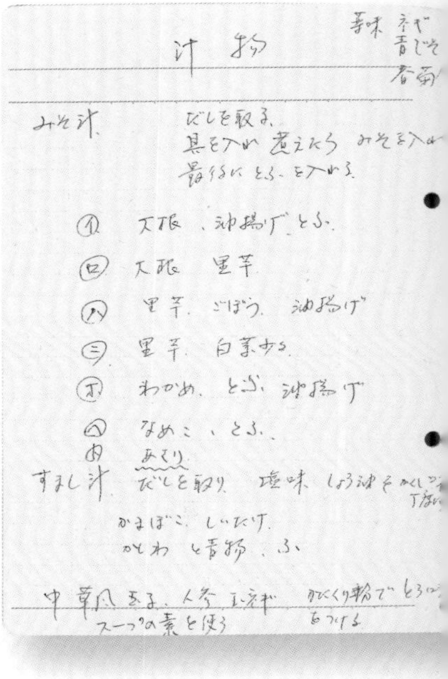

わたしが高校生になると、母は台所のかたわらにわたしを立たせて、母が料理するのを見せてくれました。手伝いをしろというのでもありません。ただ、見せてくれたのです。

誰だったか、中学生のときにテニス部だった人が、１、２年生のときは、ただただ、コートの外で、球拾いをしながら、先輩たちのラリーや試合を見ていて、「いつかは自分もあのテニスコートのなかで、こうやって球を打つんだ」とか、「ああやって球を打つんだ」と思って過ごして、その結果「うまくなれた」といっていたのを聴いたことがありますが、それに似ています。いきなり舞台にあがらされたり、泳げもしないのに海に突き落とすやりかたというのも、荒々しくて、しかし同時に、その行為にすべてが含まれていて、なるほど、深い、いいやりかただなと思うのですが、この「ただ見ている期間が長い」というのも、「いつか、自分ならこうやる」という欲求を、お腹のなかであたためることができて、優秀な方法だと思っています。

今思えば、うまくできていたと思います。母の料理の手際を見て、

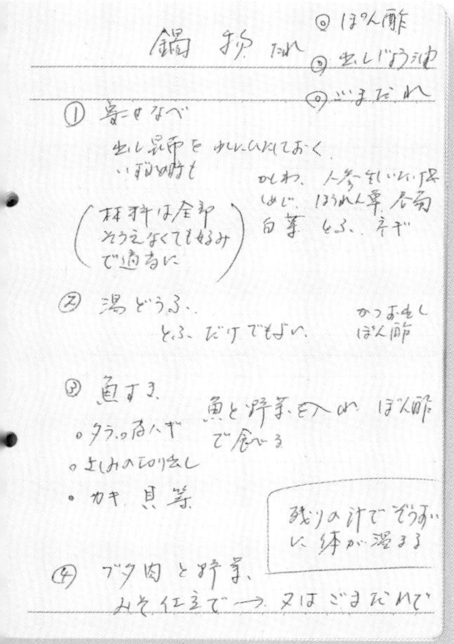

母は何かをわたしに教えていたような気もするし、教えていないような気もするし、ぼんやりとしか覚えていないのですが、しかし、母の料理はおいしかった。娘という身分でひいき目に見ているからというのでもなく、母は料理がうまいと思います。おからなどをつくるときはたくさんつくって、よく近所の若いおくさんがたにも配っていました。

わたしが進学するために家を出るときには母は、わたしに「料理ノート」なるものをくれました。そこには、わが家で食べてきたものが、ボールペンの走り書きで、いろいろと書きつけてある。それを見れば、思い出してつくれるという寸法です。

上京当初、わたしは学生寮に入っていたのですが、寮生活がつらかったのと、何より、自分でつくったごはん（家の味）を食べたくて、寮を出て、ひとり暮らしをはじめたときには、この「料理ノート」でとても助かりました。ノートの最初のほうは、威勢よくはじまり、レシピはだんだんと大ざっぱになり、ノートの中盤で母のメモも終わっているのですが、母のとなりに立って見ていたこととあいまって、簡単なメモでも、すぐに想像することができます。ものごとが伝達されることの妙を、このノートを見るたび感じます。

I

池波正太郎さんの魂は

料理のエッセイを書く人はなんて文章がうまいのだろうと舌を巻きます。

最初にわたしが料理のエッセイのおもしろさを知ったのは、高校生のころに読んだ、東海林さだおさんの「あれも食いたい　これも食いたい」でした。

父が、なぜか新聞と一緒に『週刊朝日』をとっていて、わたしは、ほぼ高校3年間、かかさず、東海林さだおさんの「あれも食いたい　これも食いたい」の連載を読み続けたのです。

高校生のころには桐島洋子さんの『聡明な女は料理がうまい』（文春文庫）にもハマりました。

高校を卒業してからは、向田邦子さんに夢中になり、料理本を買っては、そのうまさに舌を巻き、ちょっとだけ背伸びをして、妹さんがやっていらした赤坂の「ままや」に母と行ったっけ。

ですが、池波正太郎さんデビューは遅かった。

たいてい、わたしの仕事仲間は、池波正太郎さんを“通過”しています。それで、「文章はおもしろいが、池波さんがおすすめするお店に行くと、いうほどはおいしくなかったりするんですよね」なんてエピソードをさらっと話しているのを見るにつけ、「すっかり出遅れてしまった」と、少し顔を赤くしてうつむくしかないわけです。

そんなわたしも遅ればせながら、一昨年あたりから、デビューしました。

『散歩のとき何か食べたくなって』（新潮文庫）だとか『そうざい料理帖』（平凡社）だとか読むようになったのです。

いやー、やっぱりうまい。そうそう、平松洋子さんもうまいし、なぜ、料理のことを書く人はこんなにもうまいのか。

ああ、くやしい、自分だって書いてみるぞと、以前池波正太郎さん的に、自分なりにエッセイを書いて、某出版社の担当編集者Ｎさんにお見せしたら、とても評判が悪かった。「池波正太郎さんみたいに書いてみたいのですが」と、消え入るような小さな声でいったらＮさんが「ぶっ」と吹き出したくらい。ああ、恥ずかしい。恥ずかしすぎる。わたしにはあの名文を引き継ぐ資格なぞありません。

でもね、ちゃんと引き継いでいるかたを見つけました。それは吉田戦車さんです。吉田さんの『逃避めし』（イースト・プレス）はしっかり、池波マインドが、脈々と、文章の合間合間に、美しく流れていました。

どうでもいいことですが、植草甚一さんのマインドは、曽我部恵一さんの書くエッセイなどに引き継がれていますね。

名文の魂は永遠なり。

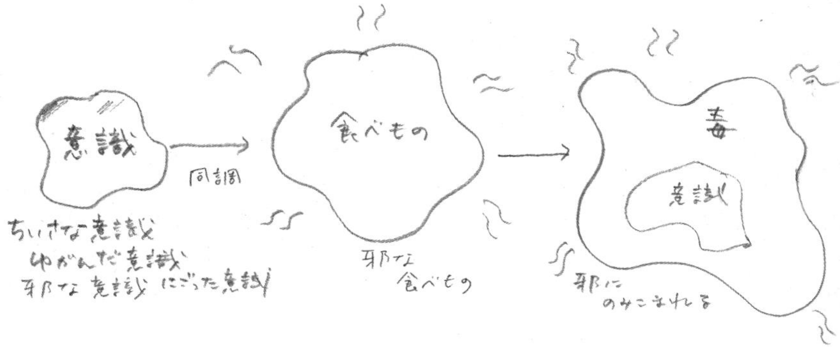

自分の波動を変えちゃうってのもあり！
（ちょっぴり時間がかかるかもしれないけど）

でもネ、
自分自身がどんどんあたらしくなっていって、
つまりは、意識が拡大したなら、
食べものはきっと、何を食べてもよくなるのだろう！

ジャンクフードも、美しくていねいな食べものも、
意識が拡大した人が食べると、
体内で、別のものになる。
やがて、食べものさえ、必要なくなっていく。

あればあるように、
ないならばないように
たのしめる意識に、いつか誰もが、きっと、なるのです。

絵：服部みれい

拡大した意識
大きな意識
うつくしい意識　透明な意識
基本的には
こちらと同調する
食べもの
愛のある　うつくしい食べもの
しかし…
こちらを
食べたとしても
食べもの
邪
どう
食べても
生命エネルギーに変換ッ
浄化されてしまう

意識と食べもの

食べものは、
自分自身の意識の波長と呼応しています。
自分が選ぶ食べものは、
自分の波動の状態をあらわしています。

ジャンクフードが食べたくなるときは、
自分がジャンクな波動になっている。
美しくていねいにつくられたものを食べるときには
美しくてていねいな自分が内側に立ち上がっている。

ということは！
波動の美しいものを食べて

J

ジャイアントコーンが好き

ジャイアントコーンといってもグリコのほうではありません。あの、ミックスナッツなどによく入っている巨大なコーンのこと。

食べたこと、ありますか？

わたしは、あのジャイアントコーンの大ファンなのです。

ペルーのある高地でしかとれないというところもロマンティック。

日本では、加工していない生のジャイアントコーンを見ることさえむずかしいのだそうです。

大きいのです。それをあげてあるものが売っているのですが、おいしいのです。かたくてばりばりとしていて香ばしくて。

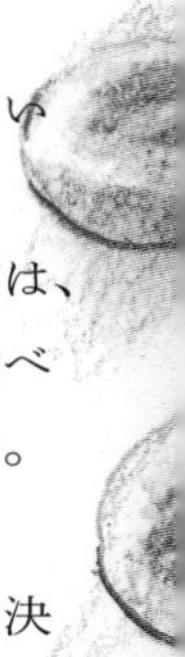

わたしは、ハマると同じものばかり食べる習性があって、その前は、スナックでいえば、両国・東あられ本舗の「えび小丹」でした。食べものでいえば「ルネサンスごはん」（P.164）ばかりを食べています。ブームがあるのです。そうしてある日ピタッとやめてしまう。

一生のうちに、「ジャイアントコーンを食べる容量」というのは決まっていて、その絶対量を埋めてしまうと流行は終焉《しゅうえん》を迎える。恋なんかも濃密に激しく会っていると早く終わるように思うのですが、食べものも、それと似ているのかもしれません。

＊ジャイアントの英語の頭文字はＧだけどＪに入れました。

K

かみさまは　たべない
かみさまは　ただある
それだけ

かみさまは　たべない
かみさまは　ただある
それだけ

かみさまは　たべない
かみさまは　ただある
それだけ

まるで　たいようのよう

かみさまの食べもの

かみさまは　なにをたべて　いるのかしらん
かみさまは　なにをたべて　おられるの？

かみさまは　なにもたべない
かみさまは　なにもたべない

かみさまは　たべることを　ほっしない

かみさまは　ただ　ある
それだけ
かみさまは　ただ　ひかり
ただ　そこに　あり

あいを　ほうしゃしているだけ

栗原はるみさんのこと

栗原はるみさんが好きです。

奇をてらっていない感じ。ふつうさ、が好き。

なんでもない笑顔。なんでもない日常。なんでもないレシピ。

でも、バニラアイスクリームがやっぱりおいしいように、モーツアルトに、すごみがあるように、一見、中道のように見えるものって、やっぱりすごみがあると思う。小津安二郎もそう。小津映画を３本くらい立て続けに見ると、ぜんぜん静かな映画だとは思えなくなります。

ど真ん中であること、消え入りそうなほど「ふつう」を極めるということは、実はもっともむずかしいことであるように思います。

栗原はるみさんは、その真ん中を、強すぎず、弱すぎず、串でぶすっと刺して、そうして笑顔を絶やさずに、料理をたのしんでいらっしゃるように感じます。

同じ料理でも栗原さんのレシピでつくるとおいしくできるものがたくさんあります。

女性としても尊敬しています。なんといってもお顔が好きです。いいお顔！

★特によくつくるもの／これまでにつくっておいしかったもの

◎鯛めし　a

◎ミックスサラダ　ごまドレッシング　a

◎鶏のからあげ　b

◎ポットローストポーク　c

◎にんじんとツナのサラダ　c

a『栗原はるみのジャパニーズ・ホーム・クッキング』（扶桑社）

b『わたしの味　選びに選んだ80のレシピ』（集英社）

c『栗原はるみのジャパニーズ・クッキング』（扶桑社）→P.183

吝嗇《りんしょく》にも見える。それにのっかる男性も男性ですけれども。食べもので男性を釣ろうとするよりも、自然に、自分の魂を愛してもらうほうがすてきです。自分の自信のなさを、料理で埋めようとしてもいつかはバレるのです。ご自身の魅力に自信をもって、魂の魅力を磨くほうが、長く愛される気がします。

ただ、子どもにとっては、料理のおいしいおかあさんは、恩恵が大きい（いちばんは、たのしい、という恩恵）。子をもとうと思っている男性は、生物学的に、料理をつくる意欲がある女性に、自然と惹《ひ》かれるということはあるかもしれません。

結婚と料理

料理がうまいのはたのしいことだけれど、結婚や恋愛とは一切関係ないと、わたしは思っています。料理を恋愛の釣り針のように扱うのが、どこかケチくさい感じがして好きじゃないのです。

一方、料理がぜんぜんできない、という娘さんと恋愛したり、結婚する男性が好きです。クールな感じがして。女性の側の女っぷりも逆に高い気がして。「胃袋を制するものは」といって、男性に料理を食べさせようとする女性はどこか

噛む

「日月神示」という日本の予言書が、ここ数年クローズアップされていて、わたしも愛読しています。

これからの世界の行く末や養生のしかたがたくさん書いてあって、なかでも食べものについての記載が多いのがおもしろい。

そこには、こんなふうに書いてあります。

「一二三《ひふみ》の食べ物に病無いと申してあろがな、一二三の食べ方は、一二三唱えながら噛《か》むのざぞ。四十七回噛んでから呑《の》むのざぞ。これが一二三の食べ方、頂き方ざぞ。神に供えてからこの一二三の食べ方すれば、どんな病でも治るのざぞ。皆の者に広く知らしてやれよ。心の病は一二三唱えることによりて治り、肉体の病は四十七回噛むことによりて治るのざぞ」

「食べることは噛むことぞ。噛むとはかみざぞ。神に供えてから噛むのざぞ。噛めば噛むほど神となるぞ」

「食べ物頂く時はよくよく噛めと申してあろが。上の歯は火《カ》ざぞ。下の歯は水《ミ》ざぞ。火と水を合わすのざぞ。カムロギ、カムロミぞ。噛むと力生まれるぞ。血となるぞ。肉となるぞ」

「一二三の食べ方心得《こころえ》たら、今度は気分ゆるやかに嬉し嬉しで食べよ。天国の食べ方ぞ」

『魂の叡智　日月神示　完全ガイド＆ナビゲーション』（中矢伸一＝著　徳間書店＝刊）より引用

ちゃんと嚙むことができたなら！
わたしも地道に訓練しよう。
大切なことは、とてもシンプルなことなんですね。

★日月神示の不思議なはなし

日月神示の魅力のひとつは、この本に載っている「ひふみ祝詞《のりと》」にあって、この祝詞にはすごくパワーがある、と聴いたことがあります。畑で「ひふみ祝詞」を唱えながら植えたら、小松菜がとても立派に育って、唱えなかったところとあきらかに差が出た、とか。この話を聴いた１週間後に、偶然にも「ひふみ祝詞」を唱えることができる男の子にあって、うれしくなって唱えてもらったことがあります。

いつかやってみたい

子ども食堂

修道院で大量の食事をつくっていたせいか（前世でのはなしです。詳しくはP.50をご覧ください）、食を仕事にするのはまっぴらごめんだという気持ちがあるようで、学生時代はじめて体験したまともなアルバイト先のフランス料理屋さんも１か月でやめてしまったし、それ以来、料理関係の仕事はどうしても食指が動かず、一度たりともしたことがありません。

食べることは好きだけれど、フードライターにもならなければ、料理本もつくったことがないし、また、なかには、奇特なかたがいて、ケータリングをやったら、という人もいてくださるのだけれども自分には才がない。なぜそう思うかというと、情熱がない。それでお金をいただくという気持ちにとてもなれないのです。

それでも、これだけは、情熱がかたむけられるかもと思っているのが「子ども食堂」です。今、子どもたちは、ひどい食生活をしていると聴きました。否、もう10年以上前から、中学校の先生をしている友人に、「お弁当箱を開けたら、鳩サブレーだけが入っていた」などというはなしを聞いてシュンとした気持ちになったものでした。

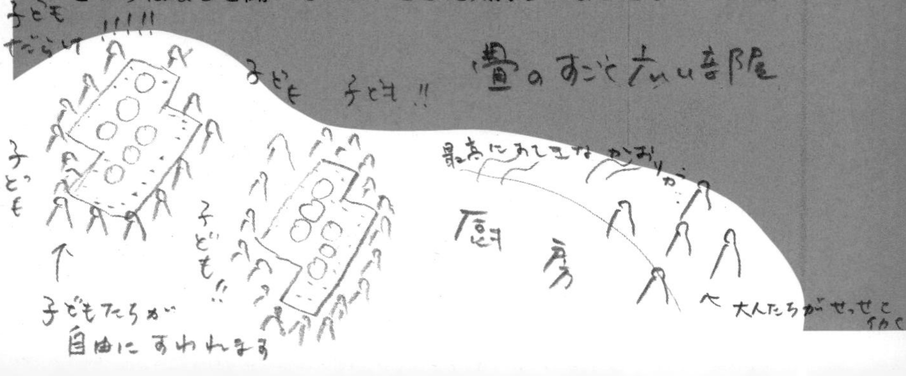

やんちゃ上等

「子ども食堂」は、子どもだったら誰でもただでごはんが食べられる食堂のこと。あたたかいご飯、お味噌汁、おかずの類。

あつあつで、つやつやで、きらきらとしたご飯。キッチンは、みんなから見える場所にあります。子ども相手といっても手抜きはいたしません。丹誠込めてつくらせていただきます。

最初は子どもだけだったのが、途中からは子どもから噂を聴いたおかあさんやおとうさんもいらっしゃるようになります。大人からはお金をいただこうか。

子どもは全員
お代は
いただきません
近景
こぼしても おこられないよ
手でたべてもいいよ
ある日のメニュー
◎ほんのり おしょうゆ
たきこみごはんのおにぎり
◎おまめのスープ
◎あたたかいやさいサラダ
◎おとうふのミートボール
などなど
さあ おたべ
カオスな
テーブル

いつか、この「子ども食堂」を運営してみたいのです。街の子どもたちの楽園。大金もちになったらやってみたいことがいくつかあって、①温泉を掘って旅館を経営する、②すごく自由な学校をつくる、③映画を撮る、なのですが、それに匹敵するくらいやってみたいことのひとつです。

みなさん たべにいらしてください

絵：服部みれい

小麦粉には注意が必要だと思いはじめた

わたしの友人は、あるとき肌に湿疹が出て、とある代替医療の医師に診てもらったところ、小麦粉を控える、という処方を出してもらっていました。その友人の子どもも、小麦粉をとりすぎると、鼻水がたくさん出て、咳もよく出るようになるといっていました。「冷えとり」でいう、毒出しなのだと思います。

もうひとりの友人は、ふだんローフードをやっていて、もう７年も８年もヴィーガンの生活をしていますが、白いパンを食べると、頭が痛くなる、といっていました。

わたしのからだの先生は、「一般に出回っているパンは、あれはパンではない」とよくいいます。渋谷区富ヶ谷にある天然酵母のパン屋さん「ルヴァン」などに売っているような、全粒粉、天然酵母のどっしりと重いパンが、パンだと、いうのです。スーパーなどに売っている白いふわっとしたパン、あれは、パンもどきだ、ということです。

精製したものを食べることに、わたしたちは慣れていますが、わたしはそんなことを聴くにつれ、小麦粉を食べるときには全粒のものを食べるようにしています。そしてパスタやパンを食べすぎないように、ふだんも、気をつけています。

３人目の友人は、ガールフレンドに全粒粉のパスタをつくったら、「ぼそぼそしてまずい」といわれて落ち込んでいました。

精製した味に慣れていると、なんでも、そうでないものは「ぼそぼそ」と感じられるものですが、慣れると、そっちのほうがおいしく感じます。全粒粉のパスタやパンは、とても味わい深いです。ぜひ、続けて食べてみてほしいなと思います。そして小麦粉を今より少し、生活から減らすようにすると、からだもこころも軽くなるはずです。

わたしはときどき小麦粉断ちをします。からだのなかがすっきりします。

精製した小麦粉は、少し中毒性もあるようにも感じています。

★本物のパンに出合うなら

「ルヴァン」

住：東京都渋谷区富ヶ谷2-43-13

電：03-3468-9669

営：8:00 〜 19:30

日・祝は8:00 〜 18:00

休：水・毎月第２木

（信州上田にもお店があります）

『暮しの手帖の評判料理』のこと

いつのころからか、本屋さんへ行くと、たいへんな量の料理本が並ぶようになりました。料理本バブル。実用書は出版社にとって手堅いタイトルなのでしょう。でも、出しすぎは、音楽業界のタイトル過多に似て、自分たちの首を絞めてしまうようにも思います。

そこで、わたしが友だちと思いついたのが、毎年行う料理本アワードと、料理本のレシピのセレクト本。つまり、その年に出る料理本のうちすばらしいものを厳選し、一方で、料理本から「これはおすすめ」というレシピを選んで、本とともに紹介するという企画です。どうかな？　結局、タイトル過多に加担するだけ？

料理の本を見ながら料理をつくっていると、それぞれに、こう、料理家なりのつくりかたのくせ、というか、もち味があって、それが極めて、わかりやすく表現されているレシピというのが、ひとつ、ふたつとあるのですね。それを紹介していく本です。各料理本の宣伝にもなるし、読み手もたくさんの料理家のレシピを一度に見ることができて、とても便利な企画、と思っています。

さて、昨今立ち並ぶしゃれおつな料理本と一線を画しているのが、

『暮しの手帖の評判料理』（暮らしの手帖編集部＝著　暮らしの手帖社＝刊）シリーズです。オレンジの本と黄色の本の２冊ある。この本の存在を知ったときは、夢中になりました。写真が、まさに花森安治さんの時代のもの。実直な写真。そしてレイアウトもとても見やすくわかりやすい。レシピだって、正直、「え、これ、おいしいのかな」と首をひねりたくなるものも混ざっています。でもそれがいいのです。写真もおしゃれじゃないのがいい。わたしは、「しゃれおつ」も好きです。たとえば、洋雑誌の『donna hay』とか。すごくきれいで、編集者としてはいつかあんなページをつくりたいなんて思っています。でも！　この『暮しの手帖の評判料理』の「強さ」に比べたらどうでしょうか？

この本を読んでいて思うのは、美しい料理写真というのは、もちろん大切なことだけれども、美しすぎない写真というのは、読者に「想像する」ことの余地を与えるということです。わたしが、『暮しの手帖の評判料理』、あとは前述した『私のアメリカ　家庭料理』といった本の写真や装丁が好きなのは、自分の想像力を働かせられるからなのです。

コンテンツ、企画それ自身には、熱い思いが込められている。読者のかたが、このおいしさをどうか味わってくださいますように、との思いの強さはある。だから、読んでいてとてもわかりやすくなっています。でも、それ以外の部分は、少しそっけない、くらいのほうが、読み手は、実は、力を引き出されるのかもしれません。

オレンジの１巻は、「ごはん、麺、野菜のおかず、肉のおかず、魚のおかず、とうふ・玉子、スープ・汁・鍋もの、漬けもの」が入っています。

個人的には、「チキンライス、えびと青梗菜の焼きそば、ジャーマンサラダ、キャベツと豚肉と春雨のしょう油炒め、きゅうりのサラダ、しゅうまい、いわしの梅昆布煮、のりすい、ビシソワーズ」あたりに、暮しの手帖らしい、アイデンティティを感じました。ハイカラさと、実直さがマリアージュしている感じ。

２巻めのほうは、「作りおきできるおかずと料理」で、「イカの塩辛、とうふの味噌漬け、梅干し」から、「巻きずし、ガスパッチョ、ラザーニャ、手打ちそば」といった少し、時間と手間のかかるような料理までたくさん紹介されています。

この本を読んでいると、昭和時代のおくさまになって、夕方になったら三角巾をして、かごをもって、商店街でお買い物をして帰って、かつお節だってちゃんと自分で削って、夫の帰りを待って、夕食を毎晩きちんと準備して、というような食事づくりに憧憬の念を抱いてしまいます。夫が夜中にべろんべろんに酔っぱらって帰ってきても、ちゃんとおいしいお惣菜を出せるような食卓を。

もちろん、そのつくり手のイメージは、『あ・うん』で妻役を演じていた、吉村実子《よしむらじつこ》さん。ドラマのなかの、吉村さん演じるたみさんは、夜中に友だちを連れてきて、燗《かん》をするとき、プリプリとすごく怒っていたけれど、でも、もう、ああいう場面って、ドラマのなかのはなしになってしまった。白い割烹着を着てね。

あの時代を感じられる本が、好きです。

あまりにふつうすぎて料理本にはあらためて載らなそうな母の味たち

こんなに単純な料理がわざわざ掲載されていいかと思うほど、「ふつう」の料理が多く入っていますが、こうして並べてみると、昭和の味がいっぱい。お茶の間からピンク・レディーの歌声やブロック崩しの音が聴こえてきそうな、なつかしい味ばかりです。

専門家のかたから見たら、足りないところだらけだと思うのですが、なんといったって「愛入り」で、娘にとっては足りないところも軽々と凌駕する、それはすてきな味でした。しかし振り返ると、母は、①火加減をケチらない、②材料をケチらない、③質の高い調味料を使う、④手間をおしまない、⑤鉄の重いフライパン、分厚い鍋を使う、など、おいしくなる工夫もしていました。もちろん、添加物の入ったものはほとんど食卓にはあがりませんでした。

まったく同じものでなくとも、みなさんの今夜のおかずのヒントになったらうれしいです。みなさんも子どものころに食べた味を、ぜひご自分でも再現なさってみてくださいね。

はじめる前に

☆スープストック……主婦をしていた母は固形スープを使うことが多かったです。自然食品に目覚めてからは、自然食品店の固形スープを使っていました。
☆水は材料に入っていません。
☆砂糖と記載されていますが、精製されたものは使いません。主に三温糖ないし、てんさい糖を使います。
☆現在わたしは、下ゆで、油抜き、アク抜きはしませんが、母の方法のまま掲載しています。
☆分量はお好みで。調味料は、母の分量の目安を入れているものもあります。

解　　説＝服部みれい
レシピと絵＝服部政子

◎いりおから

おからは、母の得意料理でした。どんなにがんばっても母の味には追いつけないのが、おから、なのです。母は大量につくって、近所の若いおくさまがたにもよく配っていました。「しっとり」と「ドライ」の絶妙な塩梅《あんばい》がキモ。水分をお好みまで飛ばしてください。

◉材料＝ごぼう、にんじん、油あげ、干ししいたけ、おから（卯の花）、だし、砂糖、塩、醤油、酒
◉つくりかた＝ごぼう、にんじんはささがき、油あげは油抜きしてせん切り、干ししいたけは水で戻してせん切りにする。油で具材を炒め、だしを入れて煮る。やわらかくなったころ、おからを入れる。砂糖、塩、醤油、酒を入れて、味を見ながらいりあげる。水分を充分飛ばすように。

◎豆腐のステーキ

わたしが中学にあがるころから、母はお豆腐でステーキをつくってくれるようになりました。かつお節たっぷり、お醤油の香りがぷん、と残る、甘辛の味。そういえば、かつお節もある時期までは、ちゃんと削っていました。夕方になると、「ごき、ごき」と台所から音がしてくるのです。わたしがやってもあまり上手に削れず、母はさすが上手だなあ、と思っていました。

◉材料＝木綿豆腐、ねぎ、合わせ調味料（砂糖、醤油、豆板醤少々、酒）、削りかつお節
◉つくりかた＝豆腐はお皿などで重しをのせ、15分くらい水出しをしてから、1.5センチくらいの厚さに切り、さらに水気を切っておく。フライパンに油をしき、豆腐を両面焼く。焼きあがったら小口切りにしたねぎを入れ、合わせ調味料をからめる。

お皿に盛り、かつお節を上からふりかける。

◎切り干し大根の煮もの

うちの切り干し大根は、甘めの味つけでした。切り干し大根もおからと並ぶ、母の得意メニュー。できたても、冷めてからでも、どちらもおいしい。焼きちくわが入っていたことを今回思い出しました。食べていたものの細かい内容って覚えているようで、覚えていないものなのですね。

●材料＝切り干し大根、焼きちくわ、油、だし、砂糖、醤油

●つくりかた＝切り干し大根は30分以上水につけて戻す（戻した水はとっておく）。水気を切り、２～３つに切り分け、油で炒める。焼きちくわを細かく切って入れる。だし、戻し汁を加え、砂糖、醤油を入れて弱火で煮つめる。

◎がんもどきの煮もの

田舎の法事で食べていた記憶が。まあるくて大きながんもの中央に、ちょんと、和がらしがのっているのです。わたしのイメージでは「大人の食べもの」。少し塩分が濃いほうが、田舎の味っぽい。また少しだけかためになるまで煮たほうが、さらに田舎の味っぽい。今でもたまにつくります。

●材料＝がんもどき（丸形）、だし、砂糖、醤油、酒、和がらし

●つくりかた＝がんもどきは、お箸で数か所穴をあけておく。沸騰したお湯で油抜きを数分する。お鍋にだしを入れ、調味料を合わせて加え、火にかけ、がんもどきを入れて、弱火で煮つめる。食べるとき、和がらしをつけていただく。

◎大根と油あげの煮もの

この料理は、P.46に登場する煮ものの原案です。母は、油あげを、厚あげにしたり、さらににんじんを足したりしていたと思うんですが（記憶違いかしらん）、この味は、いちばん、現在のわたしに引き継がれています。これだけは完璧、母の味と同じようにつくれます。

●材料＝大根、油あげ、油、だし、合わせ調味料（砂糖、醤油＝１：３）

●つくりかた＝大根は大きく乱切りにして、ゆでる。鍋に油をしき、大根を炒め、油あげとだしを入れて、合わせ調味料を加え、弱火で煮つめる。

◎れんこん、ごぼう、糸こんにゃくのきんぴら風

これは、つい最近、母がつくり出して、なんだかわからないし、見た目もたいしてよくないのだけれど、すごくおいしくてご飯が進むレシピです。どこかのレストランで食べて、まねしてつくりはじめたそうです。糸こんにゃくが入っていることがポイントです。

●材料＝れんこん、ごぼう、糸こんにゃく、油、だし、合わせ調味料（砂糖、醤油、酒）、ごま油、七味唐がらし

●つくりかた＝れんこんは薄く輪切り、ごぼうは薄く斜め切りにして、よく炒める。そこに糸こんにゃくを入れて、だしを入れたら、弱火で煮つめていく。調味料で味つけし、仕上げにごま油、七味唐がらしで風味を出す。

◎お豆煮

母はお豆を煮るのが上手です。お豆の鍋もよく石油ストーブの上にのっていて、何時間も何日も煮ていたこともありました。今思えば、すごい根気です。今は、お正月になると黒豆を同じように煮ます。冷たくなった煮豆も好きです。

●材料＝大豆、昆布、砂糖、醤油

●つくりかた＝ひと晩水につけた大豆、昆布を鍋に入れ、弱火でことこと煮る。やわらかくなってきたら、砂糖、醤油で味つけする。煮汁がなくなるまで煮つめるとよい（常備菜になる）。ごぼう、にんじんなどを小さく切って入れれば、五目煮になる。なお、いんげん豆を煮るときは、砂糖と塩少々だけで煮る。

◎かぼちゃのスープ

わたしが弱っているときに、母がつくってくれるスープ。かぼちゃの形がゴロッと少し残っていてもいいし、残っていなくてもすてき。スープといえば、缶詰めのコーン（クリームタイプ）と牛乳、スープストック、塩、こしょうでつくるコーンスープもなつかしい。よく食べていました。

●材料＝かぼちゃ、スープストック、牛乳（または豆乳）、塩、こしょう、バター、パセリ

●つくりかた＝かぼちゃはやわらかくなるまで水煮し、水ごとミキサーにかける。鍋に移し、水とスープストック、牛乳を入れて火にかける。味を見て塩・こしょうで加減し、できあがりにバター１かけを入れる。仕上げにパセリ少々のみじん切りを散らす。かぼちゃの大きさで水分や調味料は加減する。

◎マカロニサラダ

マカロニサラダはわが家の人気メニューベスト３に入ります。マヨネーズはうちは「キューピー」だった。「AJINOMOTO」を使っている家に行くと、からいと感じた思い出があります。りんごが入ったりすることも。みかんが入っているのは好きではありませんでした。

●材料＝マカロニ、オリーブオイル、きゅうり、ハム、マヨネーズ、塩、ゆで卵、パセリ

●つくりかた＝マカロニをゆでて、オ

リーブオイル少々をかけておく。せん切りしたきゅうりを塩でもみ、水気を切っておく。ハムもせん切りにしておく。これらを混ぜ合わせ、マヨネーズで味つけ、みじん切りした卵を上から飾り、パセリを散らしてできあがり。

◎鮭のホイル焼き

鮭も、実家の夕食に、よく登場しました。単純に小麦粉をまぶして焼いたムニエルの場合も、ホイル焼きの場合もレモンを添えるのですが、母のは、輪切りなどではなくて、どんと、レモン半分！　みたいな大きさで、それが何か、いつもいいなあと思います。わたしは塩けのない鮭で料理するのが好きです。

●材料＝塩鮭（中）、たまねぎ、しいたけ（またはしめじなど）、バター、塩、こしょう

●つくりかた＝アルミホイルを30センチ角くらいに広げ、鮭を中央に置く。くし切りにしたたまねぎと薄切りにしたしいたけを鮭の上にのせ、バター1かけものせ、塩・こしょうをして包む。オーブントースターで10~15分くらい焼く。

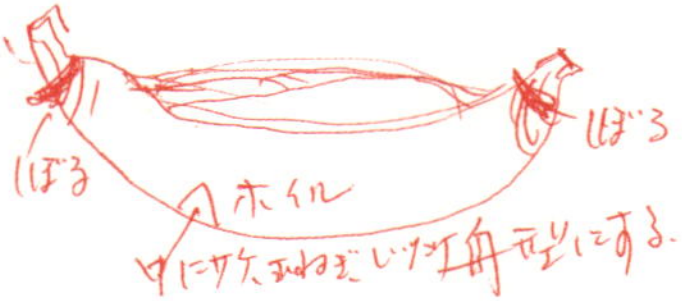

◎鶏ミンチの肉だんごスープ

柚子胡椒《ゆずこしょう》で食べるせいでしょうか？　大人のスープというイメージがあります。鶏ミンチのおだんごは、子どもやお年寄りにもやさしくて、おすすめの味。冬にふうふういって食べるのがたのしい。

●材料＝鶏肉（ミンチ）、卵、片栗粉、しょうが、くずきり、白菜、しいたけ（またはしめじ）、だし、塩、柚子胡椒

●つくりかた＝鶏肉、卵、片栗粉、しょうがのしぼり汁で肉だんごをつくる。鍋にだしを入れ、くずきりをゆで、食べやすい大きさに切った白菜、しいたけを入れ、肉だんごも加えてひと煮立ちさせ、最後に塩少々で味を調える。スープごと柚子胡椒で食べる。豆腐を入れてもよい。

◎ちくぜん煮

わたしがほとんどつくらない類の料理。ちくぜん煮のようにたくさん具がある料理は、しみじみとおいしいですよね。鶏肉からもだしが出て、ちくぜん煮は本当にすばらしい食べもの。しっとりと、鶏の脂も生かしながら、やわらかく煮るのが母の味です。

●材料＝昆布、干ししいたけ、ごぼう、れんこん、にんじん、鶏肉（もも）、こんにゃく、たけのこ（なくてもよい）、油、合わせ調味料（酒、みりん、砂糖、醤油）

●つくりかた＝昆布と干ししいたけは半日くらい水につけ、戻す（戻し汁はとっておく）。ごぼう、れんこん、にんじんは乱切り、鶏肉はひと口大、こんにゃくは適当な大きさに切る。鍋に油をしき、これらを炒め、戻し汁を入れてしばらく煮る。やわらかくなったら、鶏肉を入れ、調味料で味を調える。

◎アスパラガスのベーコン巻き

こういう簡単なレシピを紹介していいものかどうか……。しかし、これも母を思い出す味！　ベーコンなどは焦げ目が少しつく程度に、威勢よく焼かれていた記憶があります。母のフライパンは、テフロン加工なんかじゃなくて、重い鉄製で、母しかあやつれないフライパンっていう風情でした。あのフライパンで躊躇《ちゅうちょ》なく焼いていたから、こういうシンプルなレシピもおいしかったのかもしれません。

●材料＝アスパラガス、ベーコン、油、塩、こしょう

●つくりかた＝アスパラガスは下のかたい部分の皮をむき、ゆでる。１本を１／４くらいに切る。ベーコンの上にカットしたアスパラガスを３本くらい巻いて、ようじでとめる。フライパンに油少々（ベーコンから脂が出るので）をしき、ベーコンを転がしながら焼く。塩、こしょうで味を調える。

◎八宝菜

八宝菜も、わたしが子どものころ、よく母がつくってくれました。薄味で、とろりとしていて、あつあつを食べていました。スープストックは使うものの、レトルトなどのようなものは、食卓にはあがりませんでした。野菜の食感がしっかり残るように炒めるのがポイント。ここでも母のフライパンが大活躍していたんですね。

●材料＝豚肉（薄切り）、片栗粉、にんにく、しょうが、白菜、にんじん、たまねぎ、しいたけ、ピーマン、きくらげ、キャベツ、スープストック、塩、こしょう

●つくりかた＝豚肉は片栗粉をつけてあげておく。油を熱し、にんにく、しょうがのみじん切りを、フライパンで炒める。適当な大きさに切りそろえた野菜を入れ、さっと炒める。炒めあがったら、あげておいた豚肉を入れ、スープストック、塩、こしょうを入れてからめ、仕上げに水とき片栗粉でとろみをつける。

◎餃子《ギョーザ》

餃子もおうちでつくるとしみじみとおいしいですよね。小さなころから一緒によくつくっていました。台所にただようニラ、ごま油、しょうがの香り。土曜日の夜によく食べていました。わたしは最初からお水を入れますが、最後に入れるのが母の方法。かりっと焼

けていて、売ってもいいくらいおいしかったです。

◉材料＝白菜（またはキャベツ）、ニラ、ねぎ、にんにく、豚肉（ミンチ）、ごま油（またはオリーブオイル）、しょうが、餃子の皮

◉つくりかた＝白菜をゆでてみじん切り、ニラはにんにくと一緒にみじん切り、ねぎ少々も細かく切る。すべてをボウルに入れ、豚肉を加え、油を加える。すりおろしたしょうがのしぼり汁も入れ、粘り気が出るまでよく混ぜる。餃子の皮で包み、フライパンで焼く。仕上げに水を入れて蒸し焼きする。

◎肉じゃが

わたしがお肉をほとんど食べなくなったので、わたしが実家に帰っても、もう肉じゃがは登場しなくなったのですが、これも小さなころは食べていました。じゃがいもがほくほくで、糸こんにゃくがしんなりしていて、本当においしい食べものですよね。

◉材料＝じゃがいも、たまねぎ、糸こんにゃく、牛肉（こま切れ）、油、だし、調味料（醤油、砂糖、酒＝2：1：1）

◉つくりかた＝じゃがいもはひと口大に切る。たまねぎは6等分くらい（少し大きめ）、糸こんにゃくは半分の長さに切り、湯通しして臭みを抜き、ざるにあげる。鍋に油をしき、切った野菜類を炒める。だし、醤油、砂糖、酒など好みの味で煮て、終わりに牛肉を入れ、味をなじませる。肉がかたくならないように、肉を入れてからは煮すぎに気をつける。

◎鉄板ミートソーススパゲティ

鉄板、というところが、名古屋っぽい。そう、家族が名古屋に住んでいた時期に食べはじめたレシピと記憶しています。なんといっても卵で最後にとじるというのが名古屋的！　母はミートソースをつくるのがとても上手で、このメニューも土曜日のお昼によく食べていたものです。

◉材料＝にんにく、たまねぎ、スパゲティ、合いびき肉、油、ケチャップ（またはトマトピューレ）、水、スープストック、塩、こしょう、卵

◉つくりかた＝にんにくとたまねぎはみじん切りにする。スパゲティをゆでているあいだ、フライパンに油をしき、にんにくを最初に炒め、たまねぎを入れてさらに炒め、合いびき肉を入れてよく炒め合わせる。ケチャップ、水少々、スープストックを入れて、塩、こしょうで味を調える。鉄板をあたためておき、ゆであげたスパゲティをのせ、ミートソースを上からかけて、最後にとき卵を鉄板の端から流し入れてできあがり。

◎煮込みハンバーグ

よく考えたら、母は、ミートソーススパゲティが得意なのではなくて、「ミンチ料理全般」が得意だったのかもしれません。母は、思想信条からではなく、生まれつきのベジタリアンで（ほとんど肉・魚が食べられない）、唯一、ミンチだけはなんとか、という感じだったから得意になったのかも。ハンバーグもとてもおいしかった記憶があります。

◉材料＝A［たまねぎ、好みの肉（ミンチ）、生パン粉、牛乳、卵、ナツメグ、塩、こしょう］、たまねぎ、しいたけ、スープストック、トマトピューレ、ウスターソース、塩、こしょう、じゃがいも、ブロッコリー

◉つくりかた＝まずハンバーグをつくる。Aの材料のたまねぎをみじん切りにしてよく炒める。ミンチ肉、生パン粉、牛乳少々、卵、ナツメグ、塩、こしょうを入れてよく混ぜ、形を整える。たまねぎはくし切り、しいたけはせん切りにして、炒めておく。ハンバーグはフライパンで両面を軽く焼き、たまねぎ、しいたけを入れる。水とスープストックを入れて、弱火で少し煮込む。最後にトマトピューレを入れて、ウスターソース、塩、こしょうでお好みの味に調える。つけ合わせに、塩ゆでしたじゃがいも、ブロッコリーなどを添える。

◎お好み焼き

これまた土曜日のお昼といえば、お好み焼きです。長芋がレシピに入っていますが、昭和のころ食べていたのは、そんな気の利いたことはせずに、どちらかといえばかためのお好み焼きだったように思います。ときを経るごとに、やわらかくなっていった気が。時代ですね。

◉材料＝キャベツ、ねぎ、干しえび、豚肉（薄切り）、卵、小麦粉（お好み焼き粉）、長芋、しょうが、塩、こしょう、ウスターソース、削りかつお節、青海苔、マヨネーズ

◉つくりかた＝キャベツは細く切る。ねぎも細かく輪切りにする。ボウルにキャベツ、ねぎ、干しえび、卵、小麦粉を入れ、すりおろした長芋としょうがを混ぜる。フライパンに1枚分ずつ生地を入れ、おたまで広げて、いちばん上に豚肉をのせて焼く。片面焼きあがったらひっくり返して焼き、最後に表に返して、塩・こしょうをして、ソースをかけ、削りかつお節、青海苔をふりかける。お好みでマヨネーズもかけて食べる。

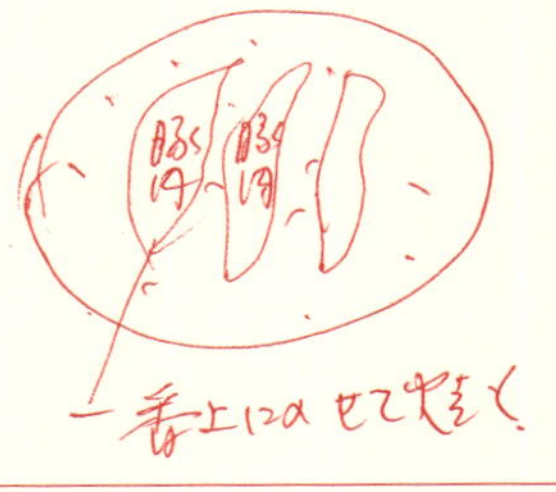

◎3色おにぎり

うちの母は、なぜか、三角形におにぎりを握ることができなくて、いつもたわら形でした。三角形に憧れていたわたしは、自分でつくるときは三角形です。当たり前ですが、直接手で握るのが大切なポイントです。

●材料＝ご飯、塩、ゆかり、鮭、焼き海苔、お好みの具（梅干し、しぐれ煮、塩昆布など）

●つくりかた＝塩むすび、ゆかりおにぎり、ほぐし鮭のおにぎりを握り、海苔で巻く。お好みで具を入れる。

◎手巻き寿司

ちょっとした祝いごとに、子どものころ食べていたのが手巻き寿司です。大きくなってからは食べなくなりました。子どもが自分で巻いてたのしく食べられるように、ということだったのでしょうか。それとも大きくなったら面倒になったのか……。真相はなぞですが、またこれも自分でつくってみたい味です（なぜか自分でつくったことがありません）。

●材料＝酢飯、にんじん、きゅうり、玉子焼きを細く切ったもの、焼き海苔、そのほか好みの具（えび、まぐろ、いか、練り梅、ウニの瓶詰め、納豆、青じそなど）

●つくりかた＝お好みの酢飯を用意する。にんじんは5ミリ角くらいの棒状に切り、塩ゆで。きゅうりもにんじんと同じくらいの長さに切る。好きな具を焼き海苔で巻いて食べる。

春

◎新たまねぎと卵のスープ

新たまねぎの甘味を生かしたスープ。母は、「新」が出ると、いつも、その食材で何かをつくります。新キャベツ、新じゃが、そして新たまねぎ。とても簡単なスープなのですが、中華でもない、洋風でもない、和風でもない、母風というある種無国籍（？）のスープ。昭和にはそういう類のなぞな食べものがわんさかあったように思います。

●材料（２人分）＝新たまねぎ、スープストック、塩、こしょう、卵、みつ葉

●つくりかた＝シンプルにスープを煮立たせ、薄切りにしたたまねぎを入れて、味をつけ、とき卵を流し入れるだけ。最後にみつ葉少々を散らす。

◎新たまねぎの串カツ

食卓によく串カツも登場しました。豚肉などがはさまっていたことも。わたしのなかではかなり昭和の味。新たまねぎは、輪切りで、まんまるくて、サクサクのあげたてに、ウスターソースをたっぷりかけて食べます（今はほとんど塩でいただきます）。

●材料＝新たまねぎ、小麦粉、卵、パン粉、油

◉つくりかた＝たまねぎを５ミリらいの厚さに輪切りにして、つまようじで串に刺す。小麦粉、卵、パン粉の順に衣をつけて、180℃くらいの油であげる。お好みでウスターソースなどで食べる。

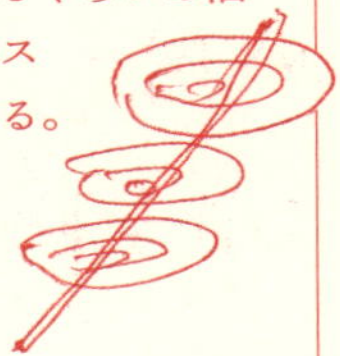

◎ポテトコロッケ

新じゃがを収穫するころになると登場するメニュー。じゃがいもが、ほくほくで、甘いたまねぎが入っていて、ポテトコロッケがどれだけ好きなことか！　どこで食べるコロッケよりもおいしいと感じるのは、娘だからなのか（P.10の法則？）わたしがあげもの好きになった理由はこのコロッケにあるのかもしれません。

◉材料＝じゃがいも、たまねぎ、好みの肉（ミンチ）、油、塩、こしょう、小麦粉、卵、パン粉

◉つくりかた＝じゃがいもは皮ごと半分に切り、塩ゆでする。熱いうちに皮をとり、ボウルに入れてつぶしておく。フライパンでみじん切りしたたまねぎを炒め、ミンチ肉も入れて炒め合わせ、塩・こしょうをしてじゃがいもに加え、混ぜ合わせる。たわら形、小判形、いずれかの形に整え、衣（小麦粉、卵、パン粉）をつけて、170℃くらいできつね色になるまであげる。なかは火が通っているので、早くあげられる。

◎春巻

たけのこがある時期に食べる春巻です。うちの実家では、春になると父がたけのこ掘りをします。たけのこを煮たり、焼いたり、たけのこご飯にするのもおいしいけれど、春巻に入っているたけのこもおいしいですよね。かなりかりっとあげるのが、うち流です。

◉材料＝春雨、たけのこ、しいたけ、もやし、好みの肉（ミンチ）、塩、こしょう、春巻の皮（大・小どちらでもよい）、油、酢醤油（酢・醤油）、和がらし

◉つくりかた＝春雨はゆで、長い場合、３等分くらいに切っておく。たけのこ、しいたけ（少々）は細切りにして、もやし（少々）と一緒に炒め、ミンチ肉を加えてさらに炒めて、塩、こしょうで味つける。春巻の皮で具を包み、170 〜 180℃の油であげる。これを酢醤油と和がらしで食べる。

◎空豆のカレースープ

空豆のカレースープは、わたしの祖母（つまり母の母）が、春になるとかならずつくったスープだそうです。カレーなどが田舎ではまだまだ珍しい時代につくるこのスープは、子どもだった母にとって、とてもうれしかったとか。空豆を見るとわたしも母方の祖母のことを思い出し、毎年カレースープをつ

くります。

●材料＝たまねぎ、じゃがいも、にんじん、スープストック、空豆、えんどう豆、油、カレー粉、塩

●つくりかた＝たまねぎ、じゃがいも、にんじんを適当な大きさに切って、油で炒め、スープストックを入れて煮る。やわらかくなってきたら、空豆とえんどう豆を入れ、カレー粉を入れて、好みの辛さにする。塩などお好みで味を調えてできあがり。

◎五目ご飯

具を煮ておき、あとから炊きあがったご飯に混ぜてつくります。炊き込まない方法で、混ぜただけのほうが、さらっとしていて、適度にオイリーで、どこかぱらっとしていて、おいしかったりする。わが家でベスト５に入る人気メニューです。

●材料＝にんじん、ごぼう、こんにゃく（ゆでたもの）、油あげ、鶏肉（またはシーチキン）、砂糖、塩、醤油、酒

●つくりかた＝にんじん、ごぼうはささがきにする。こんにゃく（少々）は小さく切り、油あげは細切りにする。鶏肉を入れて、砂糖少々、塩、醤油、酒少々で味つけをして煮つめる。それを炊きあがったご飯に混ぜ合わせる。５月には、ごぼうやこんにゃくをたけのこやふきに変える。

◎ちらし寿司

おひなさまの季節に。寿司飯は、つくってみるとたくさん砂糖を使いますが、わが家ではあまり入れないで甘くしないでつくります。酢飯をつくるときに、ぱたぱたとあおぐのをよく手伝いました。みんなでつくるのがたのしいのもちらし寿司のいいところ。

●材料＝干ししいたけ、油あげ、にんじん、かんぴょう、青もの（きぬさやなど）、酢飯、ごま、小えび（なくてもよい）、錦糸玉子、焼き海苔

●つくりかた＝干ししいたけは水で戻す。油あげは湯通しして油を抜き、カットする。細切りにしたにんじんは塩を入れゆでる。油あげはだしと醤油で煮る。食べやすくカットしたかんぴょうと干ししいたけを一緒にやわらかくなるまで甘辛く煮る。きぬさやはさっとゆでて水気を切り、カットする。酢飯にごまとかんぴょうを混ぜる。にんじん、油あげ、しいたけ、小えび、きぬさや、錦糸玉子をのせ、細切りした海苔で仕上げる。

◎ほう葉寿司

ほう葉の新葉が広がってきたころに。ところによっては、鮭のかわりにしめさばでつくる人も。具はきゃらぶきと干ししいたけの煮たものだけ、酢飯にゆかりを混ぜるなど、それぞれの家のつくり手によって違います。これは、飛び上がるほどおいしいです。

◉材料＝干ししいたけ、砂糖、醤油、卵、塩鮭、にんじん、酢飯、ほう葉、紅しょうが（または、がり、クコの実３～４個でもよい）、酢、塩

◉つくりかた＝干ししいたけは水で戻し、砂糖と醤油で甘辛く煮て、薄く２～３ミリの厚さに切る。卵は薄焼きにし、３～４ミリのせん切りにする（錦糸玉子）。塩鮭は焼いて身をほぐし、少し酢をふっておく（辛いものはそのままでよい）。にんじんはせん切りにして、砂糖、塩、酢で煮る。酢飯をほう葉に広げ（あたたかい酢飯を使うとほう葉の香りが移る）、鮭、しいたけをのせ、錦糸玉子、紅しょうが少々をのせる。ほう葉を半分に折り曲げて包み、常温で半日からひと晩寝かせる。

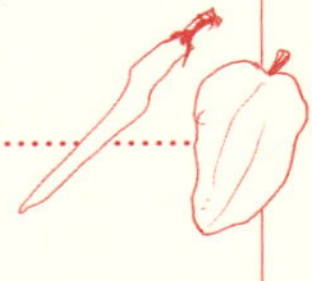

夏

◎ピーマンの炒め煮

これも、母から引き継ぎ、よくつくる料理です。ピーマンを煮るの？　とびっくりするかたもいるのですが、軽く煮てもおいしいですし、濃いめに煮て、つくだ煮のようにしてもおいしい。冷めてもおいしいので、お弁当のおかずにも。

◉材料＝ピーマン（または夏場のししとう）、砂糖、塩、酒

◉つくりかた＝ピーマンは種を出して４～５つに切る。フライパンに油をしき、ピーマンを弱火で炒め、しんなりしてきたら砂糖、塩、酒で濃いめに味つけをする。ちりめんじゃこを入れて煮てもよい。

◎トマトのマリネ風

母は、冷やしたトマトをドレッシングでマリネするようなメニューもよくつくっていました。きりっと冷えたトマトと、酸っぱいドレッシングのよく合っていたこと！　夏のナイター（父は中日ドラゴンズファン）の声援が、今にも聴こえてきそうです。

◉材料＝トマト、たまねぎ、ドレッシング（酢、塩、こしょう、砂糖をひとつまみ）、パセリ（またはバジル）

◉つくりかた＝トマトは薄切り（または半分の輪切り）にする。たまねぎは粗みじん切りにして水にさらす。酢、塩、こしょう、砂糖をほんの少し入れてドレッシングをつくる。皿にトマトを並べ、上にたまねぎのみじん切りをのせドレッシングをかけ、パセリを散らす。

◎春雨サラダ

子どものころ、大、大、大好きだったメニュー。今振り返れば、これは少し面倒なお料理ですね。でも母はよくつくってくれていました。夕ごはんのサイドメニューとして登場します。甘酸っぱい、三杯酢の味が絶妙で、あの味は自分では出せないなあと思います。

●材料＝春雨、卵、きゅうり、ハム、紅しょうが、三杯酢（醬油、酢、砂糖）、ごま油

●つくりかた＝春雨は好みのかたさにゆでておく。卵は薄焼きにしてせん切りにし、きゅうり、ハムもせん切りにして同じくらいの長さにそろえる。器にこれらを盛りつけ、紅しょうがも飾り、食べるときに三杯酢とごま油少々を合わせたものをかけ、混ぜて食べる。トマトやえびを加えれば、冷麵にも応用できる。

◎なすの味噌焼き

おなすを焼いて、ただ、合わせ味噌をのせただけのレシピですが、熱いなすと合わせ味噌のあたたかいのとごまの香りが完全にマッチして、ご飯が進む一品です。母のことを思い出すレシピのひとつです。

●材料＝なす、油、合わせ味噌（味噌、砂糖、しょうが、青じそ）、ごま

●つくりかた＝味噌、砂糖、しょうがのみじん切り、青じそのみじん切りを合わせて、火にかけて練りあげておく（味《あじ》味噌を使ってもよい）。なすは皮をむいて、たて半分に切る。よく焼けるよう、表面に、十文字に切り込みを入れる。フライパンに油をしき、なすを切り口のほうから焼く。半面焼けたら合わせ味噌をのせて焼き、仕上げにごまをふる。

◎冷やしなす

冷やしたなすも、よく食べました。酢醬油と合うんだな、これが！　青じそをかけてもおいしそうです。

●材料＝なす、合わせ酢醬油（砂糖、酢、醬油、ごま、しょうがのみじん切り、スライスしたみょうが）

●つくりかた＝なすはたてに４等分してゆでて、冷やす。合わせ酢醬油をかけてさっぱり仕上げる。なすをまるごと黒焼きにして、皮をむいて、同じように食べても。

◎かきあげとひやむぎ

わが家ではなぜか、ひやむぎやそうめんを食べるときに、天ぷらか、かきあげがセットです。天ぷらのときは、なす、さつまいも、青じそをあげただけ、みたいな感じ。かきあげは、棒状のさつまいもが入っているのがポイント。びっくりするほどよく合います。

●材料＝たまねぎ、にんじん、さつまいも、みつ葉、卵、小麦粉、ひやむぎ

●つくりかた＝たまねぎは薄切り、にんじんは細切り、さつまいもは３ミリくらいの棒状に切る。みつ葉の青味を散らす。これらをボウルに入れ、卵を割り入れて混ぜる。小麦粉を上からふり入れ、ざっくり混ぜ、180℃の油であげる。ゆでたひやむぎと一緒に食べる。

秋

◎けんちん汁

初どれの新あずきを使ってつくります。あずきを入れるのがおいしくなるミソです。お味噌汁よりあっさりしているけれど、お味噌汁と同じく、またはそれ以上にほっとする味。薄いだし、たくさんのお野菜、あずきが一体となって「やさしい味」になるのです。田舎では、このけんちん汁は、新米の炊きおこわとともに食べます。収穫のお祝いの料理のひとつです。

●材料＝新あずき、新里芋、十六ささげ（いんげんのような東海地区の野菜。いんげんでも代用可能)、にんじん、ごぼう、こんにゃく、油あげ、豆腐、だし、醬油、塩

●つくりかた＝あずきを鍋に入れ、だしを加えて火にかける。具材を食べやすい大きさに切る。ある程度、あずきが煮えたら、火の通りにくい順番に具を入れる（豆腐は最後)。全体に火が通ったら、醬油、塩少々で味つけをする。

◎茶碗蒸し

年中できるが、栗がとれる秋に出番。

●材料＝長芋、ぎんなん、ちくわ（またはかまぼこ)、鶏肉、干ししいたけ、花麩《はなふ》、ほうれん草（またはみつ葉)、焼き栗、だし（かつお)、卵、塩、醬油

●つくりかた＝長芋の細切り、ぎんなん、ちくわの輪切り、ひと口大に切った鶏肉、水で戻した干ししいたけと花麩、焼き栗、ほうれん草などの具を茶碗に入れておく。だしに卵をとき、塩少々、醬油少々で味つけをする。鍋に水を数センチほど入れ、茶碗を入れて、弱火で10～15分蒸す。焼き栗を入れるのがポイント。

冬

◎れんこんのはさみあげ

この料理もわたしが大好きなもの。れんこんとお肉のマッチングがすばらしい。和がらしともよく合って、ご飯のおかずにぴったりです。お弁当にも。

●材料＝れんこん、好みの肉（ミンチ)、卵、片栗粉、塩、こしょう、小麦粉、油、和がらし

●つくりかた＝れんこんは厚さ5ミリくらいの輪切りにして、5分くらいかためにゆでる。ミンチ肉をボウルに入れ、卵、片栗粉、塩、こしょうを加えて混ぜる。味つけした肉をれんこん2枚ではさんで、まわりに小麦粉をつける。低めの油でなかの肉に火が通るようにあげる。味を薄めにして、三杯酢で食べてもおいしい。いずれにせよ和がらしを添えて。

◎おでん

子どものころ、家で食べるおでんとい

うと、昆布のだしに、具材が入っていて、中央にぐらぐらと煮立った赤味噌の合わせ味噌が入った器があって、それをつけながら食べる味噌おでんでした。関東風は、わたしが大きくなってからはじめて食べたように思います。最初、これがおでん!?　とびっくりしました。

◉材料＝大根、里芋、こんにゃく、厚あげ、にんじん、ちくわ、昆布、だし、砂糖、塩、醤油

◉つくりかた＝大根は厚めの輪切り、里芋は半分に切って、下ゆでする。こんにゃくは適当な大きさに切り、ゆでておく。厚あげは油抜きして、にんじん、ちくわも適当な大きさに切る。大きめの鍋に昆布を入れてだしを沸騰させ、砂糖少々、塩少々、醤油と具材を入れて弱火で煮る。昆布もやわらかくなるので食べる（ほかの具材の味がしみて、おいしくなる）。和がらしをつけながら食べる。

◎グラタン

冬に必ず食べるのがこのメニュー。ホワイトソースに具を投入するという簡単なつくりかたですが、とってもおいしいです。

◉材料＝マカロニ、ほうれん草、たまねぎ、しめじ、バター、小麦粉、牛乳、生鮭（または鶏肉）、塩、こしょう、チーズ

◉つくりかた＝マカロニとほうれん草はゆでておく。みじん切りにしたたまねぎと、ざっくり切ったしめじは炒めておく。次にホワイトソースをつくる。バターと小麦粉をお鍋に入れて、あたためた牛乳を少しずつ入れて、なめらかになるよう静かにかき混ぜる。その中に、炒めたたまねぎ、しめじ、小さめに切った生鮭を入れて、混ぜ合わせ、塩、こしょうで味を調える。バターを塗った器にこれらを移し入れて、チーズをかけて、オーブントースターで焦げめがつくまで焼きあげる。

◎松前づけ

子どものころ、よく食べたのが松前づけです。にんじんに、とろりとした昆布がからんで、はっきりとした理由はよくわからないのですが、この食べものが大好きだったのを思い出します。当時の夕食の風景まで蘇る母の味。にんじんのせん切りの「感じ」まで思い出します。

◉材料＝にんじん、するめ、昆布、だし（冷ましたもの）、酒、醤油

◉つくりかた＝にんじんは３〜４センチのせん切り、するめ、昆布も同じくらいの長さに切っておく。保存容器にこれらの材料を入れ、だしと酒と醤油を加えて、冷蔵庫で、寝かせる。４〜５日つけ込むと味がしみておいしい。

◎にしんの昆布巻き

お正月のおせちでおなじみの昆布巻き。材料には砂糖とありますが、母がつくる昆布巻きは、あまり甘くない記憶が。ストーブの上などを利用して、分厚い鍋で、冬の日、長時間かけて煮ていたのを昨日のことのように思い出します。

◉材料＝昆布、かんぴょう、身欠きにしん（ソフトタイプ）１袋、酒、みりん、砂糖、醬油

◉つくりかた＝昆布、かんぴょうはそれぞれ水で戻しておく（昆布の戻し汁はとっておく）。にしんは湯にくぐらせ、余分な脂を抜いて、臭みをとる。昆布を長さ15～20センチの長さに切る。にしんは１／２本くらいの長さに切り、昆布で巻き、かんぴょうでしめる（にしんと一緒に、ごぼうを巻いてもよい）。鍋に入れ、昆布の戻し汁を加えて火にかける。ぐつぐつと沸騰してきたら調味料を入れて煮る。途中でアクをすくいとる。ひと晩寝かせたあと、さらに味をしみ込ませるため、弱火で１時間くらい煮る。

◎おおとしのごちそう

岐阜の田舎の方言で「おおとしのごっつぉう」と呼ばれる料理。おおみそかのお供え用の煮ものです。ぐちゃぐちゃしていて、見た目もよくなくて、現代から見たら「え、ごちそう？」って思いますが、でも、こんな素朴な味こそ、ごちそう、と呼びたい時代になりました。今ではどれくらいの世帯が食べているのでしょうか？　うちでは、おおみそかにはかならず毎年食べています。

◉材料＝大根、里芋、にんじん、ごぼう、糸昆布、煮干し、豆腐、砂糖、醬油、酒、みりん

◉つくりかた＝大根は半月切り、里芋は丸形に、にんじん、ごぼうは３～４センチの長さに切っておく。糸昆布は水に戻しておく。鍋に大根、里芋、にんじん、ごぼう、煮干しを入れて、水をひたひたくらいに入れて少し煮る。糸昆布を加えて、さらにやわらかくなるまで煮る。だいたい煮あがったら豆腐を大きめ（豆腐を６等分したくらいの大きさ）に切って、野菜の上にのせ、砂糖少々、醬油、酒、みりん少々で味つけをする。煮汁が豆腐の上までわき上がるように火を入れる。
めいめいの器に１種類ずつの野菜をとり分け、その上に豆腐をのせ、いちばん上に煮干しを１匹のせて盛りつけます。糸昆布を入れるのが特徴で、それぞれの味を引き出し、煮干しと昆布が入るのでだしはあえて使いません。１年の感謝を込めて、神様、恵比寿様、年神様にお鏡餅と一緒にお供えをします。

（完成イメージ図はP.133）

料理をするときにエプロンをする人はどれくらいいるのでしょうか。わたしはエプロンはしません。なぜしないのかは、自分でもわかりませんが、「わたしは料理をします」といかにも料理をしているというふうにするのに、照れがあるのかも。

汚れたっておかまいなしのTシャツ&デニム姿でちゃきちゃきと料理をするのが好きです。

過食と拒食

わたしは数年前から、ごく個人的に、よろずお悩み相談の仕事をするようになりました（今はお休み中です）。そのなかでも、とても多いのが、過食と拒食の相談です。

まず、今、たくさん食べすぎている人、食べなさすぎている人は、その状態で、自分をバランスしているので、無理して食べないようにしよう、無理して食べよう、というふうにしなくていいと思います。「食べること」「食べないこと」自体を今は問題視しないことです。

これがとても大事なことです。食べていてもいいし、食べないままでもいいのです。コミットしてほしいのはそこではありません。

たまたま、食べものというものを媒介して、「何か」が表出しているのですが、それが、食べる／食べないという問題以外のところにあるかもしれない、と想像してみてほしいのです。そしてもしも、現在、自分の行為に苦しんでいるならば、いつの日か、でいいのですが、その行為のおおもととなっているところまで立ち戻る勇気をもつことが、必要です（でも、勇気がないときは、そのままでも大丈夫です）。

（ここからは、勇気をもとうと思ったかたに、書きます）

過食と拒食の奥にある「何か」のひとつは、あくまでわたし個人の感触ですが、わたしがたくさんのかたがたとお会いして感じたことの範囲を出ないのですが、主に親子関係で生じた愛情の誤解にあるように思います。

親からの愛が足りないと思っていたり、ゆがんでいると思っていたり、曲がっていると思っていたり、そこで、なんらかの「ねじれ」があった。親から投げられた愛情が最初から曲がっているにせよ、曲がって受け取ったにせよ、「ねじれ」がある。そして、「ねじれ」のある愛情というのは、本物の愛情というふうにとらえられないため、「さびしさ」が生まれてしまう。

そうして、からだに空洞ができてしまったのです。

その「空洞」を埋めるために食べる。ないしは、その「空洞」を表現するために食べる／食べない、ということが起きるのではないか。

食べる、ないしは食べないことで、ある一瞬はバランスが取れます。

ですが、空洞は食べものでは埋まりません。だから、過食や拒食を、またはいずれかを繰り返してしまうのでしょう。

頭のなかは、いつもいつも食べることでいっぱいです（でも、どうか自分を責めないでくださいね。今は、食べることで頭がいっぱいでいることで、バランスが取れているのです)。

「食べること」については、これまでのままにして、放っておきます。

そうして、からだづくりを、まずしましょうか。あなたが、気になるスポーツがあれば、それをスタートしましょう。少しずつでいいのです。わたしが体験している「冷えとり健康法」、ヨガ、呼吸法などもとてもおすすめです。山登りもいいですね。自然と触れ合うととってもからだが喜ぶと思います。

そう、からだが喜ぶことを、もっともっと取り入れてあげるのです。

自分にとって至福に感じること、わくわくすること、思わず笑ってしまうようなことをプレゼントします。そのようにして、焦らず、時間をかけて、からだをつくっていきましょう。

そうして、時間をかけてからだが喜ぶことをして（この間も、食べるということに関しては、これまでどおりで大丈夫です）、からだが喜びはじめたな、と思ったら、次に、「空洞」を見つめます。自然と見るきっかけがもたらされる人もいるでしょう。そうして、空洞ができたおおもとの記憶をいよいよクリーニングするのです。

空洞をつくったのは、母親でもなく父親でも姉でも兄でも弟でも妹でもおじでもおばでもありません。あなた自身です。きっかけとなった人や問題を許すのです。その人たちも、理由があって、そのようにしたのです。怒りをいつまでももっている必要はありません。

もうひとつ、「空洞」があると、自分を肯定できません。なぜかはわかりませんが、「空洞」をもっていることに、人は、頼りなさを感じるのでしょうか。

あなたはとるに足らない人間なんかでは決してありません。意味があって、肉体をもつことを選び、この地にくることにしたのです。この地で、何かの役割があるから、そこにいるのです。

毎日毎日、毎日毎日、自分をほめてください。これでもか、とほめるのです。誰にも聴かれないから大丈夫。ただただほめます。

そうして、毎日よかったことを書き記します。
「ないもの」ではなくて「あるもの」を数えます。時間のある日には、誰かが自分にしてくれた「よいこと」を思い出して、ノートに書き記しましょう。そうして、感謝をします。ふだんもたくさん、ありがとう、というようにします。

あなた自身は、どんなときも、かたときも寸分たがわず、本当は大いなるものから愛され続けているのです。生まれてきたって奇跡みたいなことなんです。愛されているから、わたしたちはこの地に存在していられるのです。

「空洞」にも感謝を！ 「空洞」があることで、あなたは人の痛みや、苦しみや、ものごとが立体的であることや、愛や許しについて思いをはせることができたはずです。

むずかしいことを考えず、見栄や欲はいったんゴミ箱に捨てて、からだにいいことを、ひとつ、ふたつ、はじめてください。そうそうあなたがもし「きまじめちゃん」なら、きまじめもどこかに捨ててしまいましょう。まじめってときにはすてきな場合もあるんですけど「き」がついてしまうと、やっかいだったりしますから……。

自分を認めてください。誰に評価されなくても、まず、自分が自分を認めるのです。「○○があるから自分は愛されるのだ」と条件つきで認めるのではなくて、もう一度いいますが、この地にいる、ということ自体、存在自体があるということが、最初から許されているのです。愛されている存在なのです。最初から抱きしめられているのです。そのことをどうか思い出してくださいね。どうぞ、もう自分を痛めつけないで。そうして、どうぞ、自分を愛してあげてください。自分を傷つけたと思っている人たちや問題を、そろそろ許してあげるころです。そして、あなたにしかできないこと、ずっとやってみたかったことにトライしてみてはいかがでしょうか。人生を、たのしんでくださいね。

L

レモンさえあれば

レモンはたいそう便利な食べものです。
わたしは主に、ドレッシングに使います。

◎レモンのドレッシング

レモン1個
オリーブオイル　適量
塩　少々

これらを、泡立て器などで、かき混ぜます。
そうして、レタスをはじめとするやわらかい葉ものを小さくちぎって（ていねいにちぎることが大切です）、よく水気を切り（水気をよく切ることも大切です）、このドレッシングをかけて、手であえます。
トッピングは、ハーブ、アーモンドの砕いたもの、くるみの砕いたもの、黒こしょうをひいたもの、季節のくだものを、気分しだいで入れたり入れなかったりします。

このドレッシングをつくる時間もないときには、葉をお皿に盛って、レモンをしぼり、塩をふって、オリーブオイルをかけて、混ぜながら食べることもあります。

この食べかたを、わたしは本当に愛しています。

ランチを重く

アーユルヴェーダの食事法を知ってからは、１日の食事のうちで昼食をいちばん重く、しっかりと食べるようになりました。

消化力のもっとも上がる昼の時間帯（11時半から１時半）にしっかりと満足のいく食事をすると、消化の観点からからだによいだけではなく、こころもたいそう満足すると、アーユルヴェーダではいわれているそうです。

ランチは、ぱぱっと、簡単にすませるようなイメージですが、しっかりしたランチのときと、そうでないランチのときとを比べると、確かにこころの満足度が違うようです。

ランチを重いものにすると、夜が軽くていいという利点もあります。

通常、夕食をしっかりとるかたが多いと思うのですが、夕食は寝る

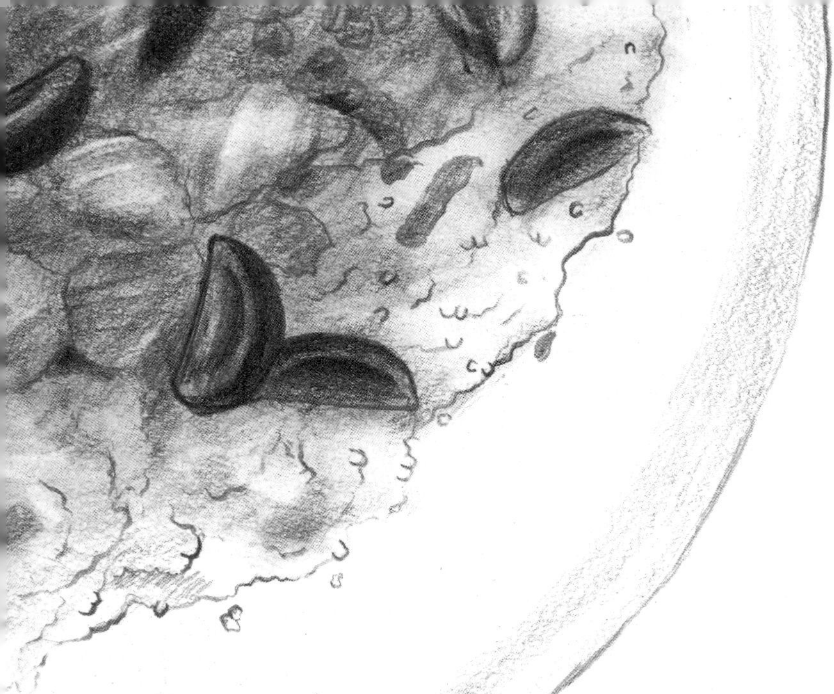

時間にも近く、軽い夕食だと睡眠にもいいし、次の朝もとても楽。

　そういうわけで、ここ数年、ずっと、昼食にしっかりしたものを食べて、夕食を軽くしています。一般的に夕食で食べるようなものを昼食に、昼食で食べるようなものを夕食に食べています。

　昼食：ご飯、お味噌汁、おかずをたくさん

　夕食：おそば

　という具合にです。

　体調もとてもよいです。

M

ムングダールのスープ

この世に恐ろしいことってたくさんありますよね。自分がつくった記事のあからさまな誤植。（オー、コワッ！）誰かの大事なあずかりものを紛失してしまったり？（考えたくもないですね） 大親友と同じ人を好きになったとか？（ギ、ギャーーーッ！）

それに相当するくらい恐ろしいことが、あるときありました。それは、著名な料理家さんが集まる場所に、手づくりのお料理を１品もっていくというものです。うーん。腕組みして、考えました。舌のこえたプロたちです。わたしなどのつくる、庶民の、ふつうの味つけのお料理じゃあねえ……。

そこで、思いついたのが、アーユルヴェーダでいうところのオージャス（生命エネルギー）がたっぷりというムングダールのスープです。これなら簡単。しかもきっと誰もが知らない味だろう。そうしてスープを５人前ほどつくりました。

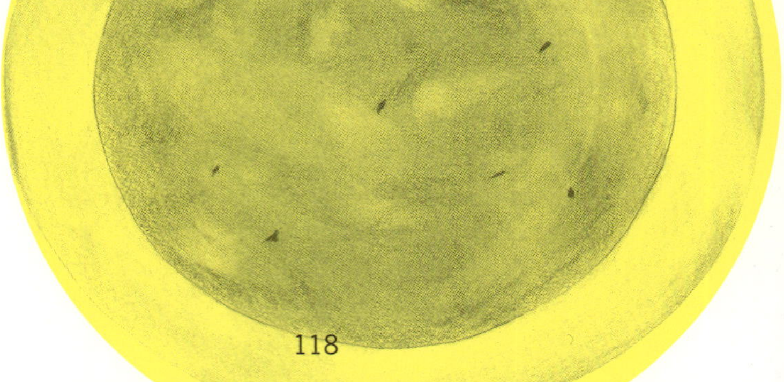

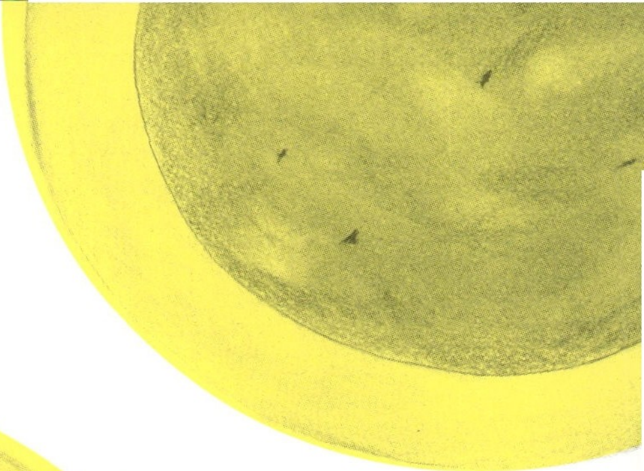

◎ムングダールのスープ

イエロームング豆＊

ギー＊

しょうが

岩塩

お鍋にギーを入れ、きざんだしょうが少々を炒めます。そこへムングダールを入れます。ギーがお豆によくからまったら、お水を入れます。どろどろになるまでよく煮ます（少し時間がかかる）。岩塩少々で味を調えてできあがり。おいしいです。

これが大好評！　あるひとりの料理家さんも、「すごくおいしかったよ」って、あらためて耳打ちしてくださいました。オージャスの力がたっぷり入った料理は、無敵なのです。

＊イエロームング豆

緑色の豆（ムング豆）ではなく、緑の皮をむいた黄色い豆のことです。

＊ギー

無塩バターからとれる純粋な油のこと。あらゆる油のなかでもっともオージャスに満ちているといわれています。つくりかたは、無塩バターを鍋に入れ、中火にかけてとかし、表面に白いクリームが浮き出てきたらスプーンですくいとり、すっかりなくなるまで取り除く。油の色の透明度がまして、鍋底が少し焦げつきはじめたら火をとめ、冷めたらガラスの容器に移します。くわしくは『オージャスのひみつ』（服部みれい＝著　マーブルトロン＝刊）をご覧ください。

水のはなし

ブルーソーラーウォーターは、「ホ・オポノポノ」のなかでもとりわけ有名なクリーニングツールです。

青いボトル（なんでもいい）に、お水（浄水したものでなくていい）を入れて、約20分以上、太陽の光にあてるというもの。太陽の光がなければ、白熱灯でもいいのだそうです。このお水を、料理に使ったり、植物にあげたりします。

お水って、とても精妙で、不思議なものです。

かつて、お水は、触ったり飲むだけで、からだが治ってしまうような、そういう力をもっていたようです。

お水は、波動そのもの。お水はエネルギーそのものなのです。

だから、浄水されているかどうかとか、もちろんそういった物質的なことも大切なのですけれど、実は、大切なのは、その水がもつ波動なんだと思っています。

ブルーソーラーウォーターが、どうしてクリーニングツールになるかはわかりません。なぜそれがクリーニングツールなのかわかるには、ただそれをつくり、実際に飲んだり、生活に使ったりするほかありません。

わたしの友人では、毎日の食事に入れて、洗濯に入れて、お風呂に入れて、家族にびっくりするような変化が訪れた人もいます。大切なのは分析ではなく、体験なのでしょう。

わたしは今、木内鶴彦さんのつくった「太古の水」*にも注目しています。

なんでもある実験で、放射能を分解できたのは、太古の水だけだったそうです。でもわたしの目的は、放射性物質を避けたいという気持ちからではなく、わたし自身の波動を上げたいという気持ちからです。波動の高いお水は、自分の波動を上げてくれる役割を本当にもっていると思います。

そのようなものが手に入らない場合、すぐにつくれるお水が、ブルーソーラーウォーターだと理解しています。

★ブルーソーラーウォーターのつくりかた

ワインボトルのような青いガラス瓶を用意します。青いガラス瓶のなかに水道水を注ぎます（ミネラルウォーターでもかまいません）。水を満たしたガラス瓶にフタをします。ここでのポイントは金属製のフタを使用しないこと。プラスチックやガラス、コルク素材などのフタを使用してください。水を入れた青いガラス瓶を太陽の光が当たる場所に置いて、30分から1時間以上放置します。曇っていたり、雨が降っていたりする日も日光は出ていますので同じようにつくれます。夜などは、白熱灯の下に置いても同じようにつくることができますが、蛍光灯ではつくることができません（完成したブルー・ソーラー・ウォーターは、別の容器に入れ替えたり、あたためたり、何かを混ぜてもかまいません）『ウニヒピリ』（イハレアカラ・ヒューレン、ＫＲ女史、平良アイリーン＝著　サンマーク出版＝刊より引用）

＊太古の水…木内鶴彦さんが臨死体験のなかで見た太古の地球の状態、その環境を再現させた、溶解度のとても高い活性化された水のこと。

蒸し料理礼賛

先日、仕事仲間のYさんに、「服部さん、仕事で遅くなって、それでもお料理しなくてはいけないとき、10分くらいしかないとしたら何をつくりますか？」と聴かれて、すかさず答えたのが蒸し料理です。

せいろをあたためて、その間に、野菜を切って、せいろのお湯が沸いたら、お野菜を入れて、蒸しあがるほんの数分の間に、ディップを用意。ディップは、たいてい、オリーブオイル＋お塩、といったシンプルなもの。できあいのごまドレッシングを添えることもあります。

もう、これで、わたしは満足。

もっとお腹がすいているときに

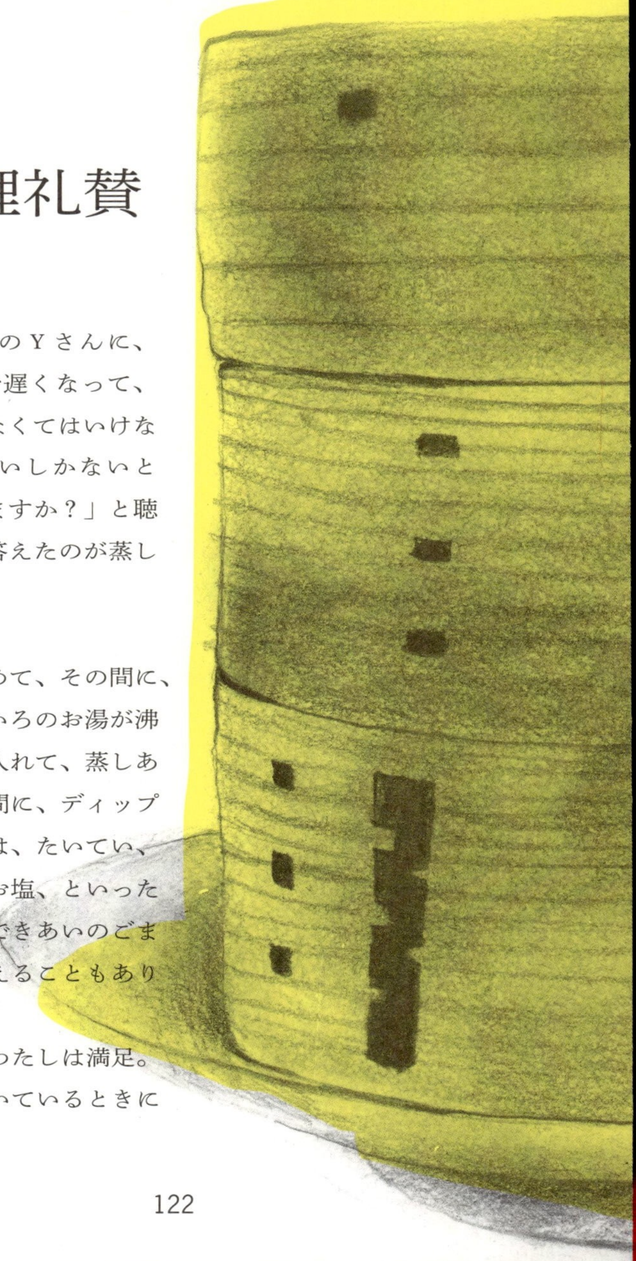

は、これに、釜あげうどんをつくって食べます。青じそやみょうががたっぷりあるとなおすてき。これで、さらに満足。

　せいろは、とても便利です。わたしは、家で食事をするときは、動物性のたんぱく質をほとんどとらないので、最近はつくらなくなりましたが、お魚などをめしあがるかたは、白身魚を蒸して、しょうが、みょうが、青じそなどの薬味をたっぷりきざんで、のせて、熱くした油と、ポン酢醬油をかけたら、もうそれだけでごちそうです。

蒸しすぎないのがポイントです。

N

にんじんの料理３品

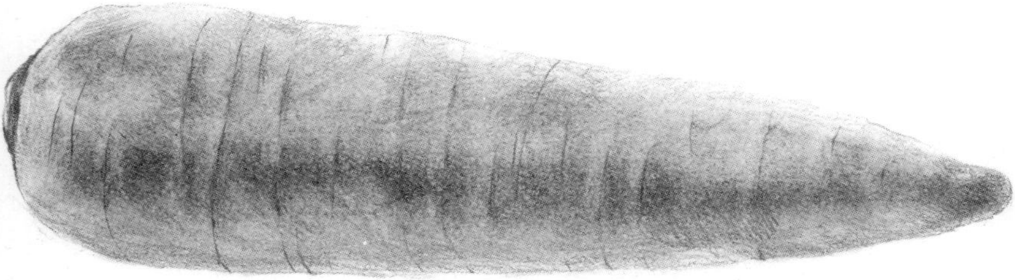

にんじんの料理が好きです。いちばんのごちそうは、有機農業をしている実家から送られてくる、〝間引きにんじん〟で、さっと蒸して、オリーブオイルで食べるのが大好き。「にんじんのなかのにんじん」という味がします。さて、わたしのよくつくる料理家３名のにんじんの料理を紹介します。

●にんじん料理ベスト３

◎にんじんのグラッセ風スープ

これは高山なおみさんのレシピで、にんじんをまるごと、生クリームで煮るというもの。ディルのおいしさを再発見したレシピでもあります。これをおいしいといわなかった人にいまだ会ったことがありません。感動する味です。

☆レシピは『野菜だより』（アノニマ・スタジオ）に載っています。

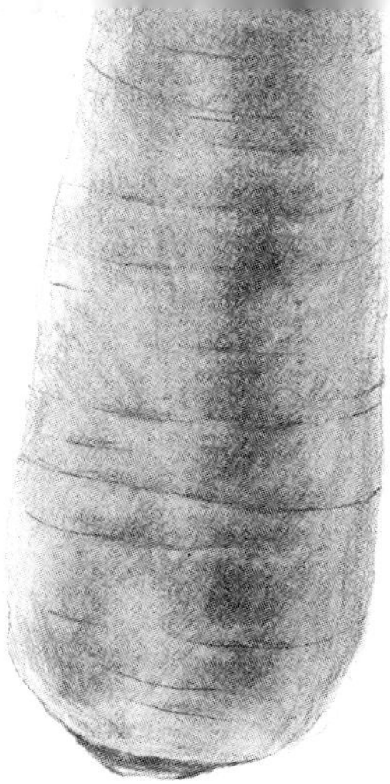

◎にんじんのサラダ

フレンチビストロへ行くと、かならず食べるのが、にんじんのサラダ。細かいにんじんの歯ごたえ、風味、ドレッシングがしみたさま、どこをどうとってもほめるところしかない14歳の少女のよう。

☆レシピは石井好子さんの『巴里の空の下オムレツのにおいは流れる』（暮しの手帖社）に載っています。

◎にんじんとツナのサラダ

栗原はるみさんのレシピで、いちばんよくつくるもの。栗原さんは電子レンジを使いますが、わたしは、せいろでさっと蒸して完成させています。ツナとドレッシングの相性もばつぐんです。

☆レシピは『栗原はるみのジャパニーズ・クッキング』（扶桑社）に載っています。

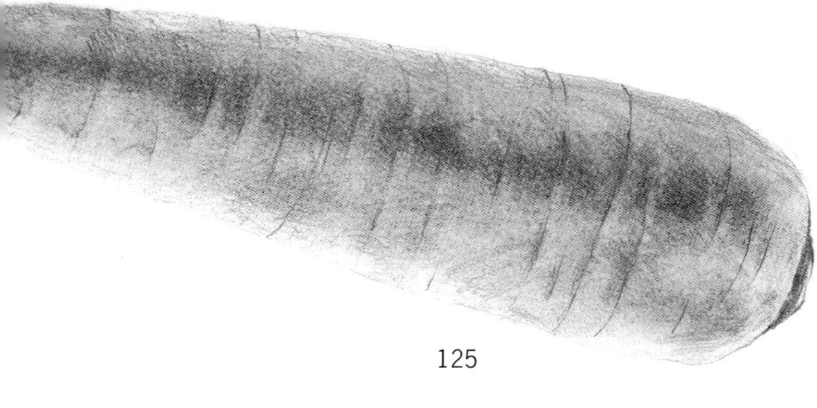

ナポリタンを食べるなら

　ナポリタンが好きです。

　しょっちゅう食べるものではないけれど、洋食の類って、ときどきたまらなく食べたくなりますよね。

　ナポリタンは、少しぱらぱらっとしているとおいしい。大人になってから、特にここ数年、パルメザンチーズをどっさりかけて食べるようになりました。

　どこで食べても、もう涙が出るほどおいしいというメニューではないのですが、でも、「ああ、ナポリタンを食べたいなあ」と思ったときに、「ほいきた」と即座にありつくことのできたときには、「ナポリタンをわたしは食べているのだ」という事実そのものに、何より満足できて、おいしいとかおいしくないとかはどうでもよくなる、という類の食べものです。

　時代がどんなに変わろうとも、ナポリタンを気軽に食べられる喫茶店やレストランがなくならないでほしい、と切に願っています。

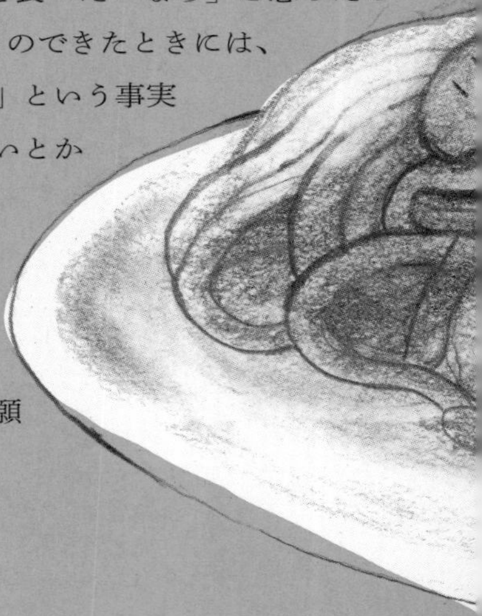

★ナポリタンの食べられるお店

◎シシリア　六本木、銀座　→P.186

◎ポンヌフ　新橋。『マーマーマガジン』14号に掲載あり　→P.186

◎J-COOK　青山のワタリウム裏あたりにある喫茶店　→P.186

O

おいしいお店の見分けかた

みなさんは、おいしいお店をどう見分けていますか？　わたしはこんなふうにしています。

◎外からのぞいたときに、お店のなかの空気が透明な感じがするかどうか。
◎透明かどうかわからなかったら、赤い色がくっきりして見えるかどうか。
◎繁盛しているムードがあるかどうか。
◎やたらと空気がざわざわしていないかどうか。
◎お店の人の顔つきがいいかどうか。
◎店員さんどうし（特に上司と部下）が険悪じゃないかどうか。
◎清潔かどうか。散らかっていないかどうか。
◎チェーン店は避ける。チェーン店であった場合、店員さんに、ある程度の裁量がまかされていそうな店かどうか。
◎お店自体が大事にされているかどうか。

こうやって書き連ねてみると、どうも、「空気」を一生懸命読んでいますね。「空気」がベタッとしているお店は、なるべく、避けます。「えらそう」なお店も遠慮させていただきたいところ。おいしい、おいしくないよりも、そこの「場」がいいかどうかが、自分にとってのポイントみたいです。エネルギーを食べるわけだから、そのお店の、波長、その波長との相性が何より大事というわけです。

★かつて、こんなことが

わたしは、かつて、「なんでもものごとがわかるようになった」というような、ある人生の達人と、ある期間、よく食事をする機会を得ました。そのかたには特徴がありました。たとえば、一度食事をします。そして味やムードが、というよりは、おそらく波動のようなものだと思うのですが、それがよくないと、二度とそのレストランには行かない、というものです。

あるとき、その師と、あるレストランに入りました。とってもすてきな内装で、とってもおいしい味でした。センスもいいお店でした。でもその師は、二度とそのレストランには行きませんでした。そこだけではありません。一回行ってあとは二度と行かない場所と、何度も何度も繰り返して行く場所と、とてもはっきりしているのです。

もらいものの食べものなども、一見して、食べるものと食べないものがはっきりと分けられてもいました。それはその人の好みではなく、自分の波長に合わないものは一切口にしないというような、きっぱりとした態度でした。

あとからたまたま人づてに知ったことですが、あの一度しか行かなかったレストランには、大変な額の借金がありました。逆に、その師が何度も繰り返し行くお店は、適度に繁盛しているところが多かったです。お金の苦労があるない、というよりは、それに伴うお店の人たちのストレスが、お店の波動に影響している、というようなことなのかもしれません。

今思い返しても、なぜ、あのすてきなレストランに二度と行かなかったのか不思議ですが、人というのは、いずれ、そのようなことも感覚でよくわかるようになるのでしょう。左に紹介したお店を見分ける技のいくつかは、わたしがこの師から教わったものです。

オーガニックフードを食べるときの礼節

オーガニック（有機）とは、たとえば野菜でいえば、一定の期間（２～３年）農薬や化学肥料を使わない畑で、かつそれらに頼らずに育てられた野菜のことです。有機野菜には、日本であれば、有機ＪＡＳの認証団体があったりします。でも、認証されていなくたって、有機野菜だぜ、というものもあります。

有機野菜は、農薬たっぷりの、効率やお金儲けを最優先にしてつくられた野菜と比べると、味が違います。ただ、わたしは、あるときに、８つほどの宅配野菜（主に有機）を食べ比べしたことがあるのですが、その野菜のなかでもまたさらに味が違う。つくっている人の人柄が出るのですね。

オーガニックフードを選ぶとき、もちろん、おいしいから、というのがすごく大切だと思います。そして、自分のからだにいいから、というのもすごく大切です。でもネ、最近それもどこか、利己主義的な気がしてきました。わたしが好きなオーガニックフードを買うときの姿勢というのは、オーガニックを選ぶことで、土地やつくる人にとってあんぜんであることを祈る、というような気持ちがどこかに、ほんの少しでいいから、含まれていること、です。

オーガニックフードを買うとは、自然を大切にするという姿勢に一票を投じる、という態度そのものなのだと思っています。

もちろん、食べる食べないでいえば、怒りながらつくられた天然酵母のパンよりも、仲よくたのしく誇りをもってつくられた添加物入り、白砂糖入りのクリームパンのほうを好ましく思うほうです。だってそのほうが、エネルギーが「軽い」から。そして、食べものをそういう態度で見るという感性は、放射性物質を含む食品と対峙するときに、明快な答えを、おのずともたらしてくれるものだって考えています。

わたしたちは、「成分」だけを食べているのではなくて、「エネルギー」を食べている。感謝して食べたものは、成分だって変わるかもしれないんだぜ、こっちの意識があたらしくなったら、毒だって毒じゃなくなるんだぜ、たとえ毒だとしても出せるんだぜ、という気持ちで、本気でそのように、わたしは、日々食べています。

ものすごい、どうしようもなくこころがひねくれてしまったドロボウさんが、ヒマラヤ聖者に出会って、すっかりこころがほどけて、リラックスして、本来の自分に戻って、こころをひらいて、自分のしてきたことを反省し、欲を捨て、自分らしく生きていこうとするさまにも似ているというか。

感謝して、明るい気持ちで食べるということは、それ自体が、許し、なのだ。添加物や放射性物質に、お慈悲を！　祝福を！　そして許しを！　わたしたちひとりひとりの意識、それが、そういったことも成し遂げられるのだと、思っています。

オーガニックフードを選ぶというのは、そういった意識に歩みはじめる第一歩という気がしています。

落ち込んだ日は料理の本を読む

中学生のころ、わたしは、学校一の才女、mちゃんと交換日記をしていました。そのmちゃんが、大学生になってからだったか、mちゃんのはじめて住んだ下宿に遊びに行った夜、「元気のない日には、料理の本を読むんだ」と教えてくれました。聴いたときは「ふーん、そんなものか」と思ったけれど、あるとき、本当に落ち込んでどうしようもない日があって、そのことばを思い出して、料理本を手元において順に読んでみました。シンプルに、効果がありました！　食べものってすごい。レシピは愛。今度もし落ち込むようなことがあったなら、ぜひ、試してみてください。

おおとしのごちそう

おおみそかになると、山奥にある実家で、かならず食べる料理が「おおとしのごちそう」。地元のことばでいうと「おおとしのごっつぉう」。

大きな魚と、昆布、大根、にんじん、ごぼうなどが一緒に煮られたもの。ぐちゃぐちゃしていて、見た目も決してきれいとはいえないしろものです。

でも、昔からずっと、この地にいた人たちが食べてきたんだなあという説得力のあるレシピ。おでんのぐちゃぐちゃ煮、みたいな食べものです（詳しくはP.108）。

ぐちゃぐちゃ煮を食べるとああ年末だなあ、と思います。

絵：服部政子

オリーブオイルは何に合う？

自分でつくる料理の油は、今ではほとんどオリーブオイルです。それ以外ならば、米油。ごま油は、アーユルヴェーダの観点から、食用としてはほとんど使わなくなりました。

オリーブオイルは、何がおいしいか、むずかしいけれど、定番でずっと愛用しているのは、「オルチョサンニータ」です。香りが本当にいい。優秀なオリーブオイルを１本もっておくと、料理がなんでもうまく感じられます。トマトをただ切っただけ、お豆腐を切っただけ、でも、お塩を入れたオリーブオイルをつけて食べれば、もう、飛び上がるほど、おいしい。全粒粉のパンにも合うし、蒸し野菜にも合うし、酵素玄米（P.59）にも合います。酵素玄米は、なかに蒸し野菜をはさんで、海苔で巻いて、オリーブオイルをつけて食べると最高です。飛び上がります。ごまドレッシングを少しだけ足すと、悶絶《もんぜつ》します。「オルチョサンニータ」は、一軒の農家さんのオリーブ畑からのみとれた実でつくられ、オリーブオイルでは珍しいことなのだとか。

このオリーブオイルを輸入しているアサクラの朝倉玲子さんのイタリア料理の講習会に参加したこともあります。

ごぼう、にんじん、たまねぎなど、冷蔵庫に余っているような野菜をとにかく細かくみじん切りにして、「オルチョサンニータ」でひたすら炒める。かなり初期の段階で塩をどっとふるのがコツです。そうして長時間（20 ～ 30分くらい）炒めた野菜を、古代品種の５分づきの小麦粉でできたショートパスタとあえたイタリア料理は最高でした(今もときどきつくります)。チキンブイヨンなどは入れません。野菜からとびきりおいしいだしが出るからです。こういう素朴な調理法でつくったものは、お腹にどんとエネルギーが入ってくるようで、気に入っています。このあいだ、こごみ、ふきのとう、たらの芽などが届いたので、天ぷらにしたときもオリーブオイルであげてみました。まったくお腹にもたれませんでした。

オージャスと食べもののはなし

オージャスとは、アーユルヴェーダの用語で、生命エネルギーを指すのですが、いわゆる現代的な栄養学や科学の観点ではない、もうひとつの、オルタナティブなものの見かたができるため、たいへん優秀な観点だと思っています。

◎オージャスが増えると、人は、からだが丈夫になるだけではなく、自分の内側を強いと思えるようになる。風邪もひきづらくなり、病気になっても治りが早い。
◎オージャスが多い人は、魅力的になり、人が自然に集まってくる。
◎オージャスは、食べものでつくられる。よく消化された食べものが体内でオージャスになる。
◎炊きたてのご飯の香りは、オージャスそのもの。オージャスが増えると、からだも炊きたてのご飯のような甘い香りになる。
◎オージャスが多い食べものは、手づくりの愛情のこもったもの全般、できたてのもの、旬の野菜（消化しやすく調理したもの）。具体的には、炊きたてのご飯、アーモンド、アスパラガスの穂先、ムングダールなど。
◎できたてのものにはオージャスが多い。

◎一方、つくってから時間の経ったものにはオージャスは少ない。
◎肉や魚は、オージャスになりづらい。
◎加工食品にはオージャスはない。
◎電子レンジ、冷凍、冷蔵によってもオージャスは失われる。
◎オージャスは、お酒とタバコ、怒りや悲しみなどの否定的な感情によって破壊される。

わたしもこの観点を大切に、いつも、食事をこころがけています。特に変わったことは、オージャスになりづらいお肉やお魚をほとんど食べなくなったことと、つくり置きしたものを食べなくなったことです。詳しくは、『オージャスのひみつ』(服部みれい＝著　マーブルトロン＝刊)をぜひ読んでみてください。

★お金をかけなくても

オージャスたっぷりの食事をするのにお金はたくさん必要ではありません。毎食ご飯を炊く、つくり置きしないという簡単なことで実現できます。わたしは電子レンジも冷凍庫も使いません。ふだんとても忙しいですが、それで充分、料理はつくれます。「便利」より、オージャスのほうが大事だから、そうしています。冷凍食品、加工食品も食べません。

小川軒のレイズン・ウィッチは完璧なんだ

わたしは甘いものをほとんど欲しません。世の中から甘いものが消えてしまっても、さほど困りません。あんまりわたしが食べないので、昔、シュタイナー学校の先生をしていた友人に、「みれいさん、みれいさんは、書く仕事をして頭を使っているのだから、少しは甘いもの、食べたほうがいいよ。脳には甘いものが必要だよ」といわれて、「そんなものか」と、しぶしぶチョコレートをかじるしまつでした。

が、しかし。

これにだけは目がないという、甘いものがあります。

それは、小川軒のレイズン・ウィッチです。あれは食べものとして完璧だと思う。

そこはかと冷たくてしっとりしたビスケット。あいだにはさまった、ラムレーズン入りのクリーム。

口に入れたときにほろっとくずれる、あの食感が好きなのでしょうか。どこか、甘いだけじゃないよ、という面構えが好きなのでしょうか。ほんのりお酒が入っているところが好きなのでしょうか。レーズンが好きなのでしょうか。クリームが甘すぎないところが好きなのでしょうか。理由はまったくわかりません。いや、誰かを好きというのに理由なんかないのと同じように、レイズン・ウィッチを好きというのに、理由なんかないのだ（きっぱり）。

銀座へ行くと、わざわざ新橋まで足をのばして、小川軒に立ち寄るという、むき出しの欲の出しようです。

たいてい10個入りのを買って、編集部の冷蔵庫に入れておいて、熱いコーヒーを淹れて、箱からひとつ、透明の包み紙にくるまれたレイズン・ウィッチを取り出して、お皿に置く。

この瞬間、胸がいっぱい、この上ない気持ちになるのです。

椅子に正しい姿勢で座って、膝をきゅっと閉じて、手を添えて、上品に食べることが多いです。

レイズン・ウィッチは、そういう気持ちにさせる食べものです。

○よく行くお店「巴裡　小川軒」（元祖レイズン・ウィッチ）→P.186

大人の習性

誰から聞いたのか、出どころをすっかり忘れてしまったのですが、大人は次の5つのうち1つもやらない人はいないのだそうです。

1　酒またはタバコをのむ。

2　甘いものを食べる。

3　ギャンブルをする。

4　色情に走る。

5　宗教（宗教的なものも含むと思われます）に傾倒する。

大人になるって、複雑になるってことなんですね。

わたしはまだひとりとして、この5つを1つもしない大人に出くわしたことがありません。

このどれをもやらない人がいたら、それは、仙人？

きっと子どものような無邪気な人なのでしょうね。

でも、あたらしい時代のニューピープルには、この5つともやらない人も登場しそうです。

P

かぼちゃ《パンプキン》を蒸しただけ

もう何年も前のこと、写真家の東野翠《ひがしのすい》れんちゃんの家に招かれたとき、お腹がすいて、翠れんちゃんが、いくつかの料理をつくってくれました。そのなかに、かぼちゃを蒸しただけ、というのがありました。「簡単でごめんなさい」といっていたけれど、そのかぼちゃの蒸しただけの、おいしかったこと。パンチャカルマ*中も、何よりいちばん印象的だった味は、かぼちゃを蒸しただけ、だった。かぼちゃの味にこんなに奥行きがあるとは思わなかった。

添加物の味に慣れていると、自然食のレストランに行って、まずいと感じたりするけれども（実際においしくないところもあるにはあります）、添加物の入ったもの、加工食品、冷凍食品の類をやめて、地産地消の、フレッシュな、エネルギーの高い食べものに慣れてくると、素材の味が、からだにしみるようになります。これは、快感ですらあります。まずは、かぼちゃをただ蒸しただけ、というのから食べてみてください。電子レンジを使わずに、ディップも何もなく、旬のかぼちゃだけで食べるのが、ルールです。

*パンチャカルマ……日本語の正式名称は、ヴェーダ生理浄化法。食事療法、オイルマッサージ、薬草のサウナ、体質に合った浣腸などを行い、心身を徹底的に浄化するもの。通常３～５日程度。

パワーフード

エネルギーが高い食事と聴いて真っ先に思い出すのは「塩むすび」です。わたしは、かれこれ3年ほど前、仙人のようなあるおじいさんから、「魔法の塩むすび」のつくりかたを伝授されました。

その方法はめちゃ簡単。手に塩を直接つけて、ご飯をぎゅっと握るだけ。ポイントは、水をつけないということです。仙人的おじいさんはこういいました。
「泣いてぐずる子がいたら、この塩むすびを小さくつくり、口にほおり込むといい。すぐに泣きやむだろう」

わたしはまだ泣いてぐずる子に塩むすびを食べさせるという好機に巡り合っていませんが、ことあるごとに、この「魔法の塩むすび」をつくるようになりました。まわりの人が疲れているなあと思うとき、わたし自身がくたびれたなぁと感じる日、この塩むすびをつくります。

「ご飯は白いの？　玄米なの？」という質問も飛んできそうですが、わたしはなんだっていいと思っています。「エネルギーの高いごはん研究会」（急遽今、名がついた）が注目するのは、もう少し別の位相のはなし。相手のことを大事に思い、水をつけないで、塩だけでぎゅっぎゅと握れば、もう魔法はかかっているのよね！

ちなみにわたしは、弓田亨さんの「ルネサンスごはん」（P.164）にヒントをいただき、白米をとがずに水につけたものに、砕いたアーモンド、いりこ少々、タイ米少々、オリーブイオイルをたらして、混ぜて炊いたご飯で握るのがマイブームです。

ある医師は、「日本のおにぎりのように、ひとつにぎゅっと両手でまとめる食べものは世界的にも珍しい。握れば握るだけ、エネルギーは高くなります」と教えてくれましたが、実際、どうなんだろう？
ミートボールだとか、バラバラのものをまるめた食べものってあるけれど、おにぎりほど「握れるもの」は確かに珍しいのかもしれません。

そうそう、『千と千尋の神隠し』で湯婆婆《ゆばーば》に「千尋」という名前をとられ、湯屋で働くことになり、両親がブタになってしまったことがわかった主人公の千が、少年ハクに差し出されたのも、おにぎりでした。「千尋の元気が出るように、まじないをかけてつくったんだ」とハク。最初は「いらない」といった千もひと口食べると止まらなくなり、涙も一緒にあふれ出します。

塩むすびって、魔法なのです。もしも誰かがぐずっていたら、または自分のなかにぐずった子どもがいるような日は、ぜひ、「塩むすび」をつくってみて。なかに、梅干しや鮭やらを入れない潔さも肝要。魔法って「やりすぎない」ということが、きっととても大事なのです。

Q

静かに食べる

食事は、何人かで、たのしい気持ちで食べるのがいい、みたいな風潮があって、もちろんその通りとは思うけれど、アーユルヴェーダの考えかたに、「食事は、ひとりで、食べものとよく向きあって食べるのがよろしい」というものがあってそれを知ったときには、少し、うれしい気持ちになりました。

わたしの友人の某男性は、ひとりで食事するのが怖いらしくて、よく、ひとりでレストランに入れないというはなしをする。情けない。

今、日本でいちばん多い世帯は、ひとり暮らしの世帯なのだそうです。何がしあわせなのかは、それぞれに違っていていいのだけれど、わたしは、ひとりで食べることのよさも、たくさんの人に伝わるといいと思っています。

もっといえば、大勢でいても孤独はあるし、また、孤独のたのしさも、豊かさもたのしめて、かつ、ひとりも大勢もたのしめるという豊かさについて知りたいと思うのです。

人のしあわせって、外側の条件ではなく、きわめて、内側の問題で、自由なんだと思うのです。

R

冷蔵庫は使わない

冷凍庫や電子レンジを使わなくなって、何年も経ちますが、去年の暮れから、冷蔵庫なしの生活を試しています。とはいったって、編集部には冷蔵庫があります。スーパーもコンビニも歩いていける距離にある都会に住んでいるわけだし、自炊は、ほとんど編集部にいるからできるんでしょ、ということにはなりますが、それでも、家で食事することはあって、冷蔵庫がない生活は新鮮です。買い物のときに緊張感がある。冷たくして食べるものはすぐに食べるときにしか買えない。日持ちするものがメインになる。乾物の有効利用の機会が増える。

でも、この生活なかなかです。うんと昔はずっとこうしていたのですものね。デザイナーのマーガレット・ハウエルさんも冷蔵庫をもっていないという記事を読んだことがあります。「ある」生活もすてきだけれど、「ない」生活も、考えてもみなかった工夫ができて、エキサイティングです。何より、からだにとってよさそうだとやりはじめて気がつきました。

★今の話

あれから冷蔵庫が我が家にもやってきました。でも前よりも、冷蔵庫に依存しなくなりました。少しは冷蔵庫から自由になったように感じています。

S

森の風と、土の香り、水、そして火
それらのエネルギーが入った白湯は
完全な飲みもの

森深く棲《す》む
白湯教団一味は
のどがかわけば白湯をのみ、
からだがわるくなれば白湯につかり
１万年も生きながらえているのだ、とさ

白湯教団
ああ　白湯教団
白いひとびと　白きひとびと

朝、起きるとまず１杯。食事中に１杯。仕事中に、数杯。
１日に数杯の白湯をかならず飲んでいます。
白湯って、体調がよくなると、甘く感じるの！
白湯を毎日飲んでいたら、こんな詩ができました。

白湯のこと

白湯教団

白湯を信奉する白湯教団
深い深い森の奥、
10人が両手をつなぎあって
輪をつくってもさらに届かないくらいの大鍋で、
ぐらぐらと
白湯がつくられている

白湯の舞
えっさ・ほいさ
白湯の舞
えっさ・ほいさ

★完全な白湯のつくりかた　※飲む量は１日に700 〜 800mlまでが目安です。

用意するもの　きれいな水　やかん

1　やかんに水を入れ、強火にかけます。換気扇も回すようにします。

2　沸騰したらふたをとり、湯気が上がるようにします。
大きな泡がブクブク立っているくらいの火加減にします。

3　そのまま10 〜 15分間、沸かし続けます。

4　沸いた白湯を飲める程度に冷まして、すするようにして飲みます。
残りは保温ポットに入れておくのがおすすめです。

(『白湯　毒出し健康法』蓮村誠＝著　ＰＨＰ文庫より引用)

そうして、夢中で松茸をとっていたら、お兄さんを見失ってしまった。
「恐ろしゅうなって、『にいさまー、にいさまー、にいさまー、にいさまー』と呼んだんじゃけど、兄さまは出てこんのやわ。『にいさまー、にいさまー、にいさまー』、やっと（長い間）呼び続けてなも、やっとこそさ出てきたんやわ」

松茸が、ぎょうさん、とれてとれてしかたがなかったはなしと、何より、田舎の娘も、お兄さんのことを呼ぶときに「にいさま」と呼んでいたこと、「にいさまー」の「ー」がやたらと長い話し方、そのすべてに、わたしは、うっとりしたものです。

祖母の生きた土地は、柿がおいしくて、干し柿をつくるのですが、わたしも生前、それを教わってつくりました。ていねいな祖母の手仕事。美しく美しく、皮をむき、熱湯につけ、糸をくくりつけ、軒先にぶら下げる。今つくっているのはわたしの母ですが、実家で、干し柿がぶら下がるのを見るたび、わたしは縁側に座っていろんなはなしをしてくれた祖母のことを思い出します。

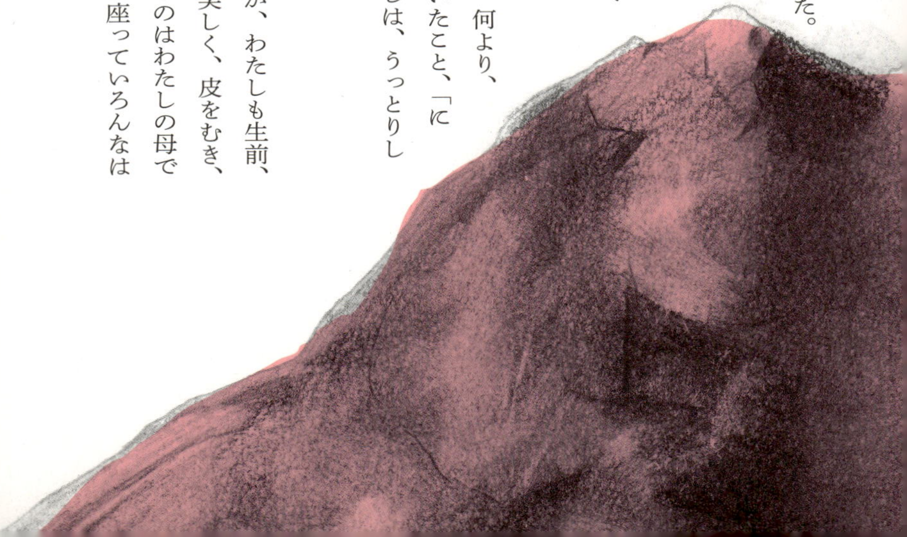

祖母と松茸と兄《にい》さま

夏に帰省すると、早朝、祖母がつくったきゅうりやトマトを、畑でちぎってよく食べていました。それは今食べるどんな野菜よりもいきていて、強くて、みずみずしかった。今でもありありと、その色や香り、味を思い出すことができます。祖母は、わたしがものごころついたころにも、野菜でも、お茶でも、なんでも手づくりしていました。もっと昔、父が幼少のころは、野菜やお米をつくるだけではなく、ヤギの乳を飲み、羊の毛でセーターを編み、していたそうです。そんな祖母がわたしに語って聴かせたはなしで、わたしがいちばん好きなのは、松茸のはなしです。

松茸は、祖母が娘だったころは、もう、ざるに山盛りいっぱい、いくらでもとれたそうです。松茸ご飯をつくると、ご飯なんかより（当時お米のほうが貴重だった）松茸のほうが多かったんだよ、と話してくれました。

わたしが好きなのは、祖母が語ってくれたこの部分。

祖母は、まだ、ミドルティーンくらいで、お兄さんに連れられて、山に入ったそうです。

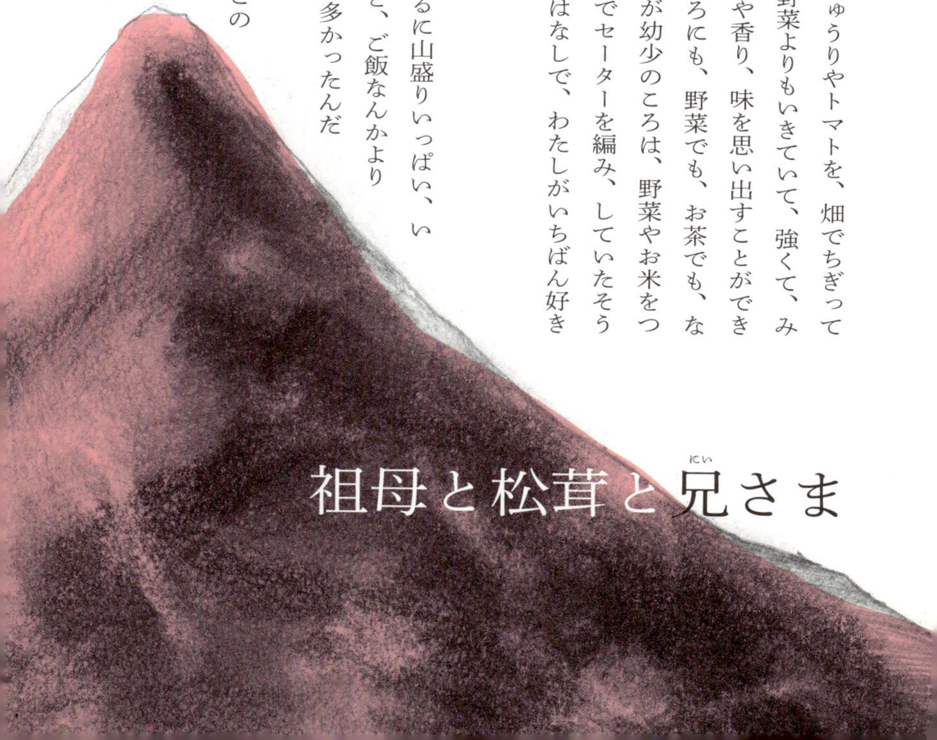

間に入っている男や聴いている男たちは、
やれやれという顔で苦笑い
お互いに反発しあっている
声は荒くなっていく

そばやは全体にヒートアップ
みんながそば湯のように熱い

わたしの
目の前の男はひとり
そばをすする
品性と知性と静けさをもった
イケメン

文庫本を読んだら、
そのあとそうっと
iPhoneみて、→

そうしてまたそばをすすり
ときどきわたしをみて
そばをすすった

わたしは
カレー南蛮そばと、
ちくわの磯辺あげを食べた

男と目があった

同じこと
わたしたち
考えていたかしら

みんな
えらそうだなあって

そばやヒートアップ

そばやへ入ると
目の前に男ひとり
イケメン

わたしはそばをすする
彼もすする
彼は、座敷で、そばをすする
わたしは、座席で、そばをすする

ときどきわたしをみる
わたしも彼をみる
また彼はわたしをみる
わたしも彼をみる

わたしは　そばであつくなって
めがねをはずす
彼をみても顔がわからない／

（めがねはずした顔、美人と思うかしらん）
彼は、わたしの足をみた
（わたしは今日はミニスカートじゃないのよ）

そばやの奥では
「酒のいきおいを借りて
　いわせていただきますが」と
金髪の若い男が
年配の男にえらそうに、講釈をたれている

さらに右側では、
どこかの大学教授が
アメリカの政治体制について、
えらそうに、講釈をたれている

金髪と年配は、さらに声が大きくなっていく／

T

宅配野菜食べ比べ

「食」について本当のところ、どう考えたらいいの？　と、「いい塩《あん》梅《ばい》の解」をふらふらと求めてさまよってきたこの本も、突然ですが、早いもので「T」の項目です。ただひとつ、確信をもっていえることは「エネルギーという観点」から食を見ることなのですが（再三くどいですね）、その際、なんといってもはずせないのが、その食にかかわっている「人」、なのですね。

以前、『マーマーマガジン』で、宅配野菜の食べ比べをしたときに、その味の違いにびっくりしたことがあります。ざっくりといえば、「つくり手の〝人〟ってこんなにも本格的に味に出るのね」ということです。きまじめな味、のんびりした味、怒っている味、几帳面な味、大らかな味などなど。

「ええっ、みれいさん、野菜の味に、きまじめものんびりもあるもんか！」なんていう声もあるかもしれません。いや、でも、あるんです！　食べ比べをした後は、生産者に対してのみならず、レストランなどに入っても、ただ「有機かどうか」ということではなくて、つくり手のエネルギーや意識を感じて食べるくせがつきました。いくら外見や能書きがすばらしくても、「こうするべき」とガチガチ頭でつくられたものって、どうなんだろう？　「有機にこだわっています」なんて、その「こだわり」が重くてしかたないことだってあるのです。

先日、そんな「意識と食べものの関係」に目覚めさせてくれた『マーマーマガジン』のコアな制作者を集めての打ち上げパーティがありました。料理人は、わたしが大・大・大好きなふたり、料理家のたかはしよしこちゃんと、ローフードのカフェ「TABI食堂」が大人気だった、ささたくや君。よしこちゃんは、無邪気でまっすぐで、ものすごくどっしりしている人。素材への愛と信頼感が半端なくて、その姿勢を尊敬しています。ささ君は、馬で南米を何年も旅行していただけある、卓越したセンスが光る超エコ男子。心身の浄化をいつもしっかりしていて、ていねいに自然とともに生きようとしている人です。ふたりの共通点は、素朴でピュアで野生的なところかな。わたしは野生的で無邪気な人が大好きなのです。パーティはいわずもがな、最高にあたたかく、美しく、甘やかに盛り上がりました。ふたりの料理の波動がしみじみと、参加者のお腹から伝わったからに違いありません。

2011年3月11日を経て今、食に対して、さまざまな心配があると思います。最低限の注意は払うとして、「本当にたのしいエネルギーのもの、力強い食べものってなんだろう」と感じて食べたなら、それこそが自分自身を守るのでは？　と思います。どうぞあなたの食の「何かいいこと」、たくさん見つけてくださいね。

U

「う」のひきだし

わたしがまだ20代だったころ、穴が開くほど読んだ本が、『向田邦子の手料理』(講談社)です。おいしいお料理だけでなく、エッセイあり、器のおはなしあり、食べものに関する語録集あり、大人の女の暮らしの魅力が余すところなく詰まっていて、なにせ、わたしの大事な部分に深く影響を及ぼした本です。

向田さんは「う」のひきだしといって、「うまいもの」のメモやパンフレットをしまっておく場所があったそうですが、わたしも、去年から、それをはじめました。

先日たまたま、あらためてこの本を読み直したら、当時は目がいかなかったレシピに目のいくことといったら。わたしも少しは大人になったのでしょうか。このなかのレシピを2つ3つとつくって、大切な人を招いて、軽く、おいしい日本酒をしっとりと飲みたい気分になりました。

V

ベジタリアンについて

お肉を食べることに対しての感慨はエンリケ・バリオスの『アミちいさな宇宙人』(徳間書店)で表現されていることと、自分の考えはとても似ていて、あと数百年もしたら、人類は、お肉を食べなくなるんじゃないかと夢想しています。そしてもうひとつ、わたしが、ベジタリアンについて感じていることは、宮澤賢治の『ビヂテリアン大祭』と、とても似ています。

俄かに澄み切った電鈴の音が式場一杯に鳴りわたりました。

拍手が嵐のやうに起こりました。

白髯赭顔《はくぜんしゃがん》のデビス長老が、質素な黒のガウンを着て、祭壇に立ったのです。そして何か云はうとしたやうでしたが、あんまり嬉しかったと見えて、もうなんにも云へず、ただおろおろと泣いてしまひました。信者たちはまるで熱狂して、歓呼拍手しました。

デビス長老は、手を大きく振って又何か云はうとしましたが、今度も声が咽喉《のど》につまって、まるで変な声になってしまひ、たうとう又泣いてしまったのです。

みんなは又熱狂的に拍手しました。長老はやっと気を取り直したらしく、大きく手を三度ふって、何か叫びましたけれども、今度だってやっぱりその通り、崩れるやうに泣いてしまったのです。
（『宮沢賢治全集６』宮澤賢治＝著　ちくま文庫より引用）

『ビヂテリアン大祭』は、熱狂的な「ビヂテリアン」たちの演説に、ベジタリアンでない人たちが、次々と、「入信」を決めていく。そのさまを見て……、というような内容です。これを、ベジタリアンであった宮澤賢治が書いているのが、わたしは好きで、ベジタリアンたるもの、これくらいのクールさがあるといいと思うのです。

なんでもそうだけれど、変化というものは、「自分の内側から自然にわき起こってそうなったもの」がいちばん強くて継続します。自分のものになる。日本の開国じゃないけれど、外圧によって、しかたなく重い腰を上げました、というのは、いつかひずみが、どこかにあらわれるものですね。

先日、呼吸の先生からよいことばを教わりました。
「愛は、自己弁護しない、愛は自己主張しない」

「正しいと思うこと」ほど、声高にいわないことだと思います。深刻ぶらないことです。
「本物」こそ、地道に、こつこつと、少しずつ広がるものなのでしょう。わたしなぞ、このような本を書いている時点で、まだまだこのデビス長老のようで、ときどき、反省をしては、声が大きすぎないか、点検をするありさまです。

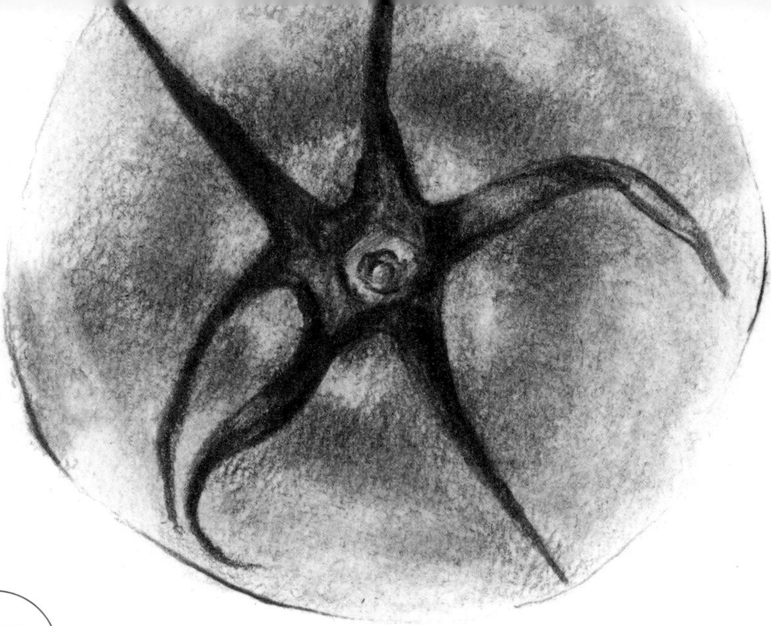

W

わたしになっていく食べもの

ある料理研究家さんのパーティで、そのかたが、「このトマトは、数分後からあなたになります」といわれて以来、あらためて、食べものは、自分自身になっていくのだと思うようになりました。食べものは、わたしに変化していく。わたしになっていく食べものたち。何を選び、どう食べるかで、わたし自身も変わっていくに決まっています。

X

だめな食べものはない

でも！　だめな食べものなどありません。食べものは愛。添加物をきらう人は、インスタントラーメンをきらうけれど、では、被災して、食べものがなくて、インスタントラーメンをいただけるとき、手を合わさずにおれようか？　と思うのです。大切なのはわたし、です。食べものがどう変容するかは、すべからく「わたし」の問題、なのです。

Y

焼きそばといえば

もし、この世に「教師運」なるものがあるならば、わたしの教師運はとても高かったといえる。

たくさん転校を繰り返したせいで、ほかの人たちより、学んだ教師の数が多いということも有利に働いているかもしれない。記憶に残るような、個性的で、たのしくて、わたしに深く影響を残すような教師が何人もいる。

そのひとりが、中学３年生のときのマナベ先生だ。

マナベ先生はふっくらしたおばさんの先生で、ふんわりパーマがかかっていて、どんなときも、少し眠そうな顔をしている。「ガーフィールド」みたい。現代国語の先生。おっとりとした話し方をして、イケメンの男子生徒を、あからさまにひいきすることで有名だった。

そんなマナベ先生を、男子生徒をよくひいきするからか（そう、まるで、森光子さんのように）、少女だったわたしは少しひねくれた気持ちでマナベ先生を見ていたが、

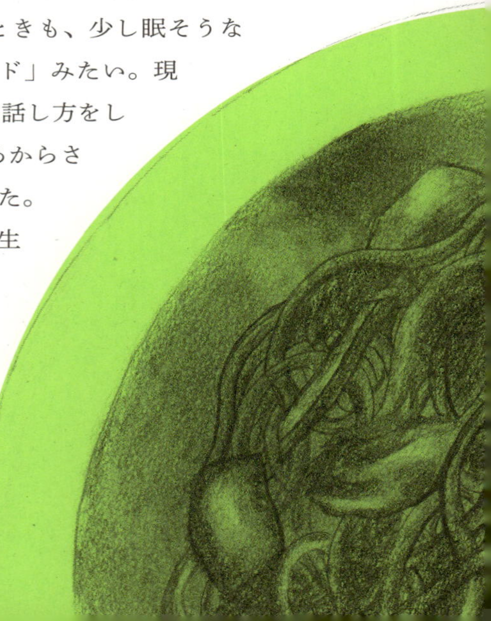

でも、あるお昼の時間にその印象がすっかり変わってしまった。

マナベ先生は、たいてい、お弁当の時間に、ひとりひとりのお弁当を見て回る。かならず見る。そして、話しかける。今から思うと、マナベ先生は、イケてる先生だったなあと思うのだが、お弁当を見て、ひとりひとりの生徒の深い部分の様子をうかがっていたのだろう。

その日も先生は、教室をゆったりとした歩調で、お弁当を見て回っていた。

わたしのお弁当は、その日は、大きな平べったいタッパーウエアに、焼きそばだけがどっかり入った、「焼きそば弁当」だった。

わたしは少し恥ずかしかった。

おかずとか、何もない、焼きそばだけのお弁当。

マナベ先生が近づいてくる。

わたしは少しどきどきした。

マナベ先生は、わたしのお弁当をのぞき込んでこういった。

「服部さんのお弁当はいいねえ。焼きそばはとてもいいお弁当だよ。栄養のバランスが取れとって。おそば、野菜、お肉。バランスがいい」

と大きな声でいってほめたのだ。

わたしは、「へー、そんなものか」と思った。そして誇らしかった。

わたしとマナベ先生の思い出。

小さなわたしはマナベ先生をこの日から好きになっていきました。

弓田亨さんの
ルネサンス料理

古今東西、さまざまな食べかたがあって、食事療法があって、自分に合うものを選ぶということが、とても大切だけれど、わたしがこのところ、「うん、いいなあ」と思うものに、弓田亨さんの「ルネサンス料理」があります。

わたしが好きだと思う理由

◎食べたらとても、とてもおいしかった。
◎祖母がつくっていた料理にとても似ていた。
◎エネルギーが高いと感じた。
◎日本中、どこでも入手できるもの
　（無農薬、有機などにかかわりなく）でつくることができる。
◎安価なスーパーで買ったものでもつくれることを想定している。

では、わたしがよくつくるレシピをご紹介します。

わたしがよくつくる炊き込みご飯（お昼に炊くと想定して）

① 前日または朝から、いりこ、昆布、干ししいたけを、水につけておく。

② 朝、お米は洗わずに、水につけておく。炊く直前にざるからあげる。水はとっておく。

③ 油あげ、にんじん（皮はむかない）、乾燥長ひじき（水で戻さない）、こんにゃく、高野豆腐、そのほか、そのときに残っている野菜を、食べやすい大きさに切る（ごぼう、さつまいも、かぼちゃを入れたり、大豆を戻しておいて入れたりします）。また、①の昆布、干ししいたけも細かく切る。

④ ③に、①を入れて（いりこもすべて）、塩少々、醤油適量を入れて、火にかける。このとき、沸騰後、弱火にするのがポイント。20分ほどふつふつと煮る。アクはとらない。

⑤ ④に、お酒を加えて、さらに5分ほど煮る。

⑥ ⑤をざるにあげて、具と煮汁を別々にする。

⑦ 炊飯器に②のお米を入れて、⑥の煮汁を入れて、水の分量が足りなければ、②の水も入れる。

⑧ ⑦に切り干し大根（水で戻さない）、オリーブオイル、アーモンドを砕いたもの、松の実などを入れて、炊く。

⑨ 炊きあがったら、ご飯と⑥の具をよく混ぜる。

⑩ 炊飯器で、もう一度「炊飯」のスイッチを入れて、5分ほどあたためてから「保温」にする。これでできあがり！

★みれいメモ

◎①のだしがポイント。前日からつけておくとおいしいけれど、短い時間しかなくても、あきらめずにつくる。

◎「すべて入れる」のが全体としてのポイント。皮も戻し汁（大豆や高野豆腐など）も捨てない。いりこも全部入れる。

◎沸騰後は、ブクブクと煮立たせないこと、アクをとらないこともポイント。

◎⑥と⑦の工程がややむずかしいと感じることも。順序を知り、ボウルとざるをしっかり用意すれば問題なし。

◎⑨は、寿司桶《おけ》などにあけて混ぜ、水分を充分に飛ばすのがのぞましいが、時間がないときは、炊飯器のなかで混ぜてしまうことも。さらに時間がなければ、⑩の工程も飛ばしてしまう。

◎具をたっぷりと入れるのがポイント。ご飯が隠れるくらい。

◎残ったら、翌日、オリーブオイルで炒めてチャーハンに。このとき、梅、青じそ、納豆などを入れるとおいしい。

◎「基本」をしっかり覚えたら、入れる野菜などは、自分なりにアレンジする。冷蔵庫の掃除にも使えてとても便利。

◎なお、①のだしで、お味噌汁も煮ものもつくる。とてもおいしい！

『新版　ごはんとおかずのルネサンス～誰もが忘れていた日本の真実の味わい～基本編』（弓田亨、椎名眞知子＝著　イル・プルー・シュル・ラ・セーヌ企画＝発行）
詳しくは、ぜひ同書をお読みください。　→P.183

Z

贅《ぜい》沢《たく》をする

「贅沢をする」というと、「いや、それはちょっと」と及び腰になってしまう人もいますが、「贅沢する」ということに、「いい」も「悪い」もありません。

本当の豊かさとは、ないときにはないように、あるときにはあるようにたのしめる、という態度のことをさすのです。

ただ、現代の人間はまだまだ、ものの道理というものがよくわかっていない人が大半で（わたしも含めてです）、贅沢をすることで、ゆがんだり、奢《おご》ったり、人生にとって重要なことを忘れてしまったりする、そういう、贅沢するということに付随しがちな結果、を問題視するのでしょう。

ということで、贅沢も、人生のすてきなスパイスですね（もちろん贅沢をし続けてなおこころも汚れないという人もいますが、まだまだ相当少数のようですから、まあ、スパイスということにしておきます）。

わたしは気のおけない友人と、年に１回か２回、かわいい贅沢をたのしみます。子どもがいる友人は子をあずけて、そうしてきれいな服装をして、しっかりした食事をします。老舗のフレンチ、新進気鋭のイタリアン、お気に入りのビストロ、スノッブな和食を食べに行くこともあります。リラックスできるお寿司屋さんで、のんびり夜を過ごすことも。

決して傲慢に、「上から目線」な人物になるのではなく、誇り高く、自信をもって、気位を高くして生きる……つまりは成熟しているということなのですが……そのレッスンに、ちょっぴり贅沢するという行為は、とても合っていると思います。

何より、筋のいいレストラン、料理店の人は、その働きぶりもすばらしくて、背筋がただされます。それはお皿の上の料理にもあらわれていて、繰り返しになりますが、その「波動」をわたしたちは、いただくことになるのだと思います。

成熟のレッスンです。

贅沢といえば、こんな贅沢もある。

わたしはある夏、とっても忙しくて、休みもとれず、またストレスフルな問題が目の前に山盛りいっぱいやってきた、ということがありました。まあ、「人生の毒出し期間」だったのだと思いますが、案の定、からだも毒出しをはじめて、にわかに体調をくずしていました。

からだの信号（ＳＯＳ）を聴いて、このまま都会で仕事ばかりしていてはいけないと思い、わたしは突如、海を見に行くことを思い立ちました。向かったのは、鎌倉の海です。

着いたときには、ジム・ジャームッシュの映画みたいに、真っ暗で、海なんかぜんぜん見えなくて、笑ってしまったけれど、でも久しぶりに踏む砂浜、ざぶんざぶんという波の音、海の家のリラックスした面もちに、凝り固まっていたからだが、やんわりとほどけていくようでした。

海を（海というより真っ暗な何かを）ながめて、しばらく時間が経ちました。わたしは、ストレスに感じていたあれやこれやを、この海に捨てさせてもらうと思いました。そうして、わたしは、「問題」を海に捨てました。いや、正しくは「古いわたし」を捨てたのです。1分くらいのずいぶん簡単な儀式だったけれど、「捨てよう」と思って、海に捨てるイメージをしたことは、「本当に捨てたこと」と同じ意味があるのでしょう。

心底すっきりしました。

滞在時間は、ほんの数十分だったけれど、とてもすっきりしました。

海を振り向くことなく、砂浜をあとにして、わたしは会う約束をしていた鎌倉に住む友人に電話をしました。「鎌倉に着いたよ。ごはんを食べよう。ただ体調が悪いから、やさしいもの……たとえば、おそばとか……しか食べられないのだけれど、よい店はある？」。友人は、「とってもいいおそば屋さんがある」といって、電話を切り、その友人と駅前で待ち合わせをしました。

友だちが連れて行ってくれたのは、駅からしばらく歩いた、住宅街にある、小さなおそば屋さんでした。カウンターが6席。夏真っ盛りなのですが、入り口のドアや窓は開けっぱなしになっています。そこから明かりがもれ、笑い声が聴こえてきます。鎌倉の住人でないと、決してわからないような小さなお店。お店の名は、「ふくや」といいました。

すでに、愛らしい女性が2名来ていて、わたしや友人が入ると、もうぎっしりです。肩を寄せあってメニューを見れば、なんでも山形出身のかたがやっているおそば屋さんで、おそばは潔く4種類しかありません。肉そば（鶏そば）の冷たいのと熱いの、鳥中華の冷たいのと熱いの。あとは、山形のだしご飯。鶏の炊き込みご飯。冷やしトマトなんてのもありました。全部、山形のものです。

カウンターにいる、恰幅《かっぷく》のいい店主は、みんなから、「ふくちゃん」と呼ばれていました。となりには入ったばかりという店員さん。なんでも、ここは山形出身の人しか働けないのだとか。山形弁が鎌倉で飛び交います。

古い日本の家屋をリフォームした店内は、デザイナーもしているというふくちゃんのセンスのよさと、木枠の窓、開き戸などが絶妙にあいまって、とてもここちがいい。未来の日本ってこういう感じになるのかしら、と、うっとり目を細めていたそのときです。

あの香りがしたの。

香りの主は、脳天をつんざく、醤油のにおいです。

そのにおいは、わたしの目の前で炊かれはじめた、真っ黒い醤油の鍋からにわかに立ちのぼってきたのだった。

濃くて深い、脳天をつんざく、醤油の香り。

わたしは、この香りを、なんと、数十年ぶりにかいだのです。そう、この香りは、わたしの祖母の台所からかいだものとまったく同じものだった。母が料理をつくるときも、わたしが自分で料理をするときも、だしに醤油を入れて煮ものをはじめると、すてきな香りがするのだけれど、祖母のそれとは、どこか違うのです。

でも、ふくちゃんの醤油の香りは、祖母の煮ものをしているときの香りと寸分たがわず同じでした。

目がまんまるくなりました。からだ中が歓喜した。その場でつっぷして泣きたいような気持ちになりました。どのようなアロマオイルより、わたしのからだをゆるめる香り、それは、祖母の台所を想起させる醤油の香りなのだった。

ふくちゃんの、「ふくや」のおそばが、カウンターに並びました。太い、ふくちゃんそのもの、みたいな黒っぽい無骨なおそば、しっかりと嚙みごたえのあるよく煮てある鶏、そして黒い醤油のだし。

絶不調だったわたしが、１か月ぶりにはじめて食べた外食です。お腹にしみた。しっかり嚙んで食べました。顔を上げれば、カウンターに山形男。醤油の香りもまだまだしています。

わたしにとっての本当の贅沢とは、このような香りの体験です。

このあと、同じ夏に、岐阜の郡上八幡《ぐじょうはちまん》の徹夜踊りに参加した折、踊っている最中に、またはっきりと、この「脳天をつんざく醤油の香り」をかぎました。だしの配合の問題なのだろうか？　まったく同じ香りは、こんなふうに突如、忘れたころに、本当に出合えるものなのですね。

美しかった日本の、醤油の香りの思い出です。妖精の国のようだと、外国人たちにいわしめた日本人の味が、まだわたしの記憶にあることを、やさしく大事にしていこう。だって、それは本当に、「ただおいしい」を軽々凌駕《りょうが》する、心底わくわくする、からだが震えるような体験だからです。食べものとは、エネルギーの体験そのものなのです。

絶望するにはまだ早い

2011年3月11日以来、「食べもの」は、とてもナーバスな問題になりました。

放射性物質のこと、それに関連する産地の問題。

何が正しいか、正しくないか、わたしは、正直、よくわかりません。

こんなことをいうと、誤解されそうですが、放射性物質は、高濃度になればまちがいなく危険でしょう。でも、薄い段階で、どれだけ危険なのか、どの部分をどう「怖がったらいいのか」、わたし自身、ぴんときていません。「本当のこと」がなんなのかよくわからないのです。

人間には個体差があります。

たとえば、ものごとの感じかたひとつについても、違いがあります。

Aということを体験しても、ある人にはすごいストレスフルで、でも別の人にとってはなんでもない、ということもあります。

それぞれの人に起こっていることが、「真実」なのです。「人は見たいように見ます」が、自分の「見ているもの」を真実だと思い込む習性があるようです。あるようです、というか、その人にとっては、それが「真実そのもの」なのでしょう。

からだにとって「いいもの／合わないもの」も、これくらい違いがあるのではとわたしは考えています。

自分が心配で不安なら、P.16にも書いた通り、ご自身でよくお調べになることです。そうして、自分が心配でないように、安心してたのしく暮らせるように工夫なさることです。

何が毒って、恐怖心や罪悪感や怒りほど、人間のからだやこころの毒になるものはありません。心配や不安は努力して、解消してください。または心配や不安をつくらないからだやこころづくりもしてください。

もう一度誤解を恐れずにいうならば、低線量の放射性物質と、人間の恐怖心や怒り、強欲さ、冷酷さ、傲慢《ごうまん》さ、利己的な態度と（数値では比べられないけれど)、どちらが全体として毒なのだろう？　とさえ、わたしは思っています。

西洋医学的な唯物論を信じる人からしたら、「この人は何をいっているのか」と、非常にばかばかしい気持ちになるでしょう。そういうかたには、この本は合いません。しかし、「目に見えないものも大切かもしれない」と思うかたは、もう少しだけおつきあいください。

問題とは、機会なのです。

「地震が多い国は霊的に発達する」とおっしゃった人がいます。

なぜ、わたしたちは今、このような体験をしているのか？「ただの不運」？　それも正しいでしょう。「ただの苦難」？　オッケー、そうかもしれません。

でも、何か、意味があるように思う。陰陽でバランスする何かが。

わたしは、問題だと思うものが立ちあらわれたとき、ただ、かなしんだり、うちひしがれたり、怒ったりするのではなく（一時、そういう気分になったとしても）、死んだ人や傷ついている人もいるのなら、せめて「機会」に変えたいと思います。

なんの機会か。それは人によって、まったくちがうでしょう。

わたしにとっては、人間が「真人間」（まともな人間）になる、傲慢さを捨てる、自分や自分の家族以外の人のことも自分を愛するように愛する、さらに進化したからだ、こころ、意識をつくる、そういう機会のように感じています。傲慢、利己、冷酷、強欲、そういったものを減らしていくチャンスです。

今こそ、本当の意味でたくましいからだ、こころをつくるチャンスがきていると思います。

「どこへ逃げてもだめなものはだめ、救うものは救う」と、日本の予言書「日月神示」にはあります。

何が本当かなんてわかりません。しかし、わたしには、「生き方を変えなさいといわれている」、その機会なのだととらえることが、いちばんしっくりきます。「死ぬこと」が悪いことなのではありません。「生き残ればいい」ということでもない。ただただわたしたちは、与えられた生をまっとうするだけです。そのときに、「危ないものを避ける」という態度は、もちろん、場合によってはたいへん必要な、非常に賢明な態度（というかあたりまえの態度）ですが、それよりも、どこにいても、「毒（冷えとり健康法でいう）を出すからだ」をつくれることも同じくらい、いや、それ以上に、必要だとつくづく感じるのです。

現代人は、弱りきっています。軸もなければセンターもない。添加物、薬、便利な生活、あらゆるものに依存しまくって、甘えた、ふにゃふにゃの存在になってしまいました（わたしも含めてです）。本来の「自分自身」、本来の人間のからだ、というものがしっかりできていれば、自然治癒力や自己免疫力がしっかりと働いて、寿命の分だけは、しっかり、毒を出しきれるはずなのです。わたしは、「外側」のことに「反応」して、やたらと恐怖心や怒りをばらまくよりも、そうではなくて、今こそ、自分自身に立ち返るときだと考えています。

自分自身が、「出せるからだ」になればよいのです。「出せるからだ」になった自分自身というのは、「何が自分にとって適切な情報か、必要な知恵か」もわかるようになるはずです。「出せるからだ」は、自然と同期するようになるからです。そういう「確かさ」を手にしたほうが、安心だと思うし、サステナブルなのではないでしょうか。

エリザベス・キューブラー・ロスの『ライフ・レッスン』（角川文庫）に、車が事故に遭った瞬間、からだの力を抜いたら助かった、助かろうとして必死にしがみついていたら大けがをしただろう、というある女性の体験談がありますが、なんだって通ずるのだろうと思います。しがみつけば失い、手放せば入ってくる。

今、意識が変わるときです。「いい」とか「だめ」とかではなく、単純に、そういう時代に、わたしたちは生まれてきたのです。部分を見るのではなく、誰もが全体を見て、感じるときがきたのです。

絶望するにはまだ早い。それどころか、ときを経て、たいへんな好機に、自分は巡り合っているのだと思う瞬間が増えました。むりやりそう思いたくていって、いるわけではありません。確かにそういう瞬間を体験するのです。

何かこれから問題が起ころうと、いや、起こらないとしても、意識の世界を見直し、食べるものが変わり、「出せるからだ」がつくりあがったなら、想像以上の恩恵が、わたしたちのからだ、そして周囲の人々、さらには社会や自然に対して、影響していくと信じています。

意識が変わることのヒントは、自然にあります。その自然そのものである「食」があたらしく、自由に、本当の意味でやさしいものになっていくのは、わたしたちがあたらしくなっていくうえで、とても、入りやすい入り口です。

なにせ、あたらしい意識を獲得していくことはたのしいです。食べものを見直すと、わかります。それが早道です。そうして、あたらしい波動になったら、今度は、誰かにごはんをつくってあげてください。すてきなエネルギーでつくられた料理は、たとえ料理としては「まずかった」としても、きっと、食べた人は、こんなふうにいうでしょう。「おいしい！」って。

大らかな自然のエネルギーを分かちあえる、そんな日々がしあわせに続くことを、こころから祈ってやみません。

おまけ

おまけのはなし

おかしについて

わたしは、ふだん、この本に書いたようにほとんど甘いものを食べません。小さなころ、母が食べさせなかったせいか、体質なのか、あまり自分から食べたいと思いません。それでも、月のバイオリズムによって、「食べたいな」と思うときがあって、そういうときは、素直に、食べるようにしています。白砂糖を使ったものよりは、そうでないものを好んで食べます。白砂糖を一切食べないわけではないのですが、「冷える」という観点と、中毒性になるという観点などから、あまり欲しません。自動販売機のジュースの類も、飲むとしても１年に１本程度です。

さて、おかし、という存在について、以前、弓田亨さんが、とてもおもしろいことをおっしゃっていました。弓田さんはパティシエです。ある会で、こんな質問が出たのです。「おかしをつくる際、お砂糖を使う。弓田さんの『ルネサンスごはん』では、砂糖もみりんも使わない、といっているのに、なぜ？　おかしはどういう存在ですか？」というものです。

弓田さんは、こう答えました。

「おかしは、こころのためのおいしさに必要なものであり、こころのため、精神のために食べるのです」

なるほど！　おかし（白砂糖）にまつわる、現段階での、わたしにとってのいちばんの解答は、このことばです。

たのしんで、食べたいものです。

お酒について

お酒についても、おかしについてと、ほぼ、同じ意見です。

お酒について、自然療法の先生たちは、わたしが知るかたがたは、「１ミリもよくない」という見解です。アーユルヴェーダでは、オージャスを破壊する物質ですし、冷えとり健康法では、「冷やす」存在です。

わたしは、２年ほど１滴も飲まない時期を経て、ほんの少しだけ、お酒を飲むことがあります。ただ、少し酔うときに頭をかすめるのは、これは、甘く見てはいけない存在だな、ということです。

お酒は、ある種のドラッグです。場合によってはそれ以上です。

タバコを吸って人を殺すことはありませんが、酔ったいきおいで人がすることは何が起こるかわかりません。

こう書くと全否定のようですが、もちろん、おかしのようにたしなむうえでは、人生の彩りにもなります。

わたしは、黄金柑《おうごんかん》というレモン色をした小さな柑橘類が出る時期に、バランタインというスコッチをグラスに少しだけ入れて、黄金柑をできるだけたくさんしぼって、しぼった黄金柑もグラスにぎゅうぎゅうと入れて飲むのが、とても好きです。

また、わたしが「これは達人だな」と思う大人たちが（代替医療家など)、ふだんほとんどお酒は飲まないこと、そうして、飲む場合には少量の梅酒を飲むことにも注目をしています。梅酒は、それ自体に、何かのエネルギーがあるのでしょうか。相も変わらず、あることがらの共通点を見いだしては（偶然かもしれないのにね)、そんなことを考えている時間が好きです。

食べすぎについて

まだ、食べすぎている分際で、食べすぎについて語る資格などないのですが、よく、「食べすぎをどうしたらなくすことができるか」と聴かれるので、わたしが知っている限りの知恵を書きます。

◎よく噛む
◎冷えとり健康法をする
◎最初からたくさん用意しすぎない
◎食べもの以外で、こころを満たす／たのしいことを増やす
◎毎日を一生懸命生きる

たくさん食べる、食べすぎるというのは、ひとつにはストレス解消もあるでしょう。「心配」を食べて解消するということもあるでしょう。これは、おかしやお酒にもいえることですが、非常に刹那《せつな》的な問題解決なのです。問題を引き延ばすばかりか、増大させる可能性もあります。

食べすぎている、というそのこと自身、なんらかのメッセージです。

腹八分目は、シンプルすぎて、現代人には非常にむずかしいことが

らですが、でも、元気な人、長生きな人、魅力的な人の多くは、小食なのです。本当に、そうです。

どうぞ、この簡単すぎてむずかしい、食べすぎない、小食にする、ということについて、人生のどの時点でもよいですから（早いほうが恩恵が大きいと思いますが）、自分のからだで、実験をなさってみてください。おもしろい体験をなさると思います。

小さなマイルール

最後に、もう一度、わたしが大切にしていることを書き記します。

完全にできているわけではありませんが、こころがけていることです。

◎「出せる」からだをつくる（血と気がよく巡り、循環し、よいものを取り入れ、よくないものを出せるからだづくりを日々行う）◎旬のものを食べる◎自分の住んでいる土地／生まれた土地に近いものを食べる◎新鮮なものを食べる◎たのしい気分で食べる◎愛情のこもったもの、たのしい気分でつくられたものを食べる◎化学調味料、合成添加物は極力食べない◎加工食品は極力食べない◎いろいろなものを食べる◎古くから日本にあるものを食べる（乾物をよく利用する）◎基本は、野菜が中心の粗食にする◎食べすぎない（現在は、通常１日２食。食べ過ぎたら、次の食事を減らすか抜く）◎食べることに過度に一喜一憂しない◎短いしあわせよりも、長い目で見たしあわせのほうを選択する◎おいしいものは分かち合う◎目先の情報より古くからの知恵を大切にする

わたしが本当によく読む料理本

あれこれ

ⓐ『作家の食卓』

（コロナ・ブックス編集部＝著　平凡社＝刊）

この『作家の食卓』という本が大好きです。澁澤龍彦、檀一雄、永井荷風、内田百閒、谷崎潤一郎たちが愛した料理が載っている本。『太陽』の特集だったときから読んでいますから、同じ内容のものを２冊持っていることになります。特に好きなのは、澁澤龍彦さんの料理です。あの甘鯛の丸あげ、いつか試して、ぜひあのようなお庭で食べてみたいです。

ⓑ『池波正太郎のそうざい料理帖』

（池波正太郎＝著　矢吹申彦＝料理相伴　平凡社＝刊）

半身浴のお供にもってこいの本。「惣菜日記、蛤の湯豆腐、ポテト・フライ、むかし風ライスカレー、蕎麦のうす焼、軍鶏鍋と芋酒、和風オムレツ、どんどん焼」。春夏秋冬のおそうざいのつくりかたが、矢吹申彦《やぶきのぶひこ》さんの実直なイラストとともに載せられていて、「ああ、もう、これは絶対にいつかつくろう！」と、読んでいるうちは心底興奮しているのだけれど、どれひとつとして、実際につくったことがないし、たぶんこれからもつくらない、つまりただ読んでうっとりするだけ、というのが、池波正太郎さんの本へのわたしの基本的な態度の特徴です。

ⓒ『おかずのほん』

（横浜シュタイナーこどもの園＝著　ＮＰＯ法人横浜シュタイナーこどもの園を育てる会＝発行）

R・シュタイナーの人智学に基づく、ある幼稚園の給食レシピ集。自身、ラクトベジタリアン（動物性食品は乳製品のみ摂取する）であったシュタイナーは食事についてもたくさんの、独自の見解を述べていて、それはそれは興味深いです。『健康と食事』（イザラ書房）などもおすすめ。

ⓓ『向田邦子の手料理』

（向田和子＝監修と料理製作　講談社＝刊）→P.156

ⓔ『新版 ごはんとおかずのルネサンス 〜誰もが忘れていた日本の真実の味わい〜基本編』

（弓田亨、椎名眞知子＝著　イル・プルー・シュル・ラ・セーヌ企画＝刊）→P.166

ⓕ『栗原はるみのジャパニーズ・クッキング』

（栗原はるみ＝著　扶桑社＝刊）→P.80、P.125

ⓖ『暮しの手帖の評判料理』

（暮しの手帖編集部＝著　暮しの手帖社＝刊）→P.90

ⓗ『平野レミ・料理大会』

（平野レミ＝著　講談社＝刊）

平野レミさんが好きです。お父さまの平野威馬雄《いまお》さんのことも好きで、ある時期は、「平野レミ・威馬雄研究会」という会を発足し（会員２名）、ゆかりの地を訪ねたり、過去のレミさんの記事を集めたりしてたのしんでいました。この本はその資料の一環で、レミさんの無邪気さを味わうために読む、という感じです。レシピそのものというより、食べることをたのしむその躍動を、レシピの行間から味わうのです。ご本人のお写真もかわいいんだからッ！

ⓘ『リンダ・マッカートニーの
地球と私のベジタリアン料理』

（リンダ・マッカートニー、ピーター・コックス＝著　鶴田静、深谷哲夫＝訳　文化出版局＝刊）

ポール・マッカートニーの元妻、故・リンダ・マッカートニーのベジ本。何が好きって、この本のデザインが好きです。長嶋亜希子さんの本の装丁とも通ずるところがある。素朴で、実直で、安心、なデザイン。スノッブじゃない。レシピのほうは、タイトル通り、ベジタリアンレシピです。読みものも「食べ物について考えてみましょう」「新しい時代の食べ物、植物性蛋白とは？」「“窓辺の畑”で自家栽培を」など、充実しています。

ⓙ『野菜だより』

（高山なおみ＝著　アノニマ・スタジオ＝刊）→ P.124

あるころから、とんとお肉やお魚を食べなくなって、そのころから読みはじめた一冊。とにかく「使える」一冊。コピーは「季節のいきおいを丸ごと食べる」。まるごと、どんと焼く、どんと煮る。そういう食べかたが好きなわたしにはたまらない本です。ハーブ、薬味使いの参考にもなります。

ⓚ『おそうざいふう外国料理』

（暮しの手帖編集部＝著　暮しの手帖社＝刊）

学生時代に、ジャケ買いしたのがこの本。ケースを開けると、赤のチェックのカバーがもう愛らしいのなんのって（装丁は花森安治さん）。「西洋ふう」「中華ふう」の、昭和なレシピがずらり。「料理をはじめるまえに」の気配りにも感服します。

ⓛ『ごちそうさまが、ききたくて。
家族の好きないつものごはん140選』

（栗原はるみ＝著　文化出版局＝刊）

わたしが、サユリスト、ではなくてハルミストになるきっかけとなった本。なんでもない家庭料理、ほど、尊いものはありませんね。肩に力が入ってなくて、オレオレじゃなくて、自然で、ただただ、たのしくてっていう波動に満ちていて大好き。

ⓜ『失われし食と日本人の尊厳
荒廃した日本の食と闘う鬼才パティシエが追い求めた
「真実のおいしさ」』

（弓田亨＝著　イル・ブルー・シュル・ラ・セーヌ企画＝刊）

「ルネサンスごはん」を開発した弓田亨さんから、日本の食の荒廃、流通、外食産業の問題点、冷凍・電子レンジの恐ろしさ、すてきとさえ思っていた料理法／料理番組の嘘などについて聴いたときは驚愕でした。尊厳を取り戻したいあなたに。

ⓛ

ⓜ

ⓝ

ⓝ『ミーツ・リージョナル 別冊　東京ひとりめし』
（京阪神エルマガジン社＝刊）

今ある情報系の雑誌・ムックのなかでもパワフルな編集力をがつんと感じるのがこのシリーズ。本文、見出し、情報の入れ方、料理の写真、コメント、小見出しのつけ方、ページの隅の隅まで、料理そして料理店への愛がだだもれ。「食べるってたのしい！」というより、「生きるのってたのしい」と思わせるムック。生の躍動にあふれている。もちろん情報を得るためにも、とても良心的に編集されています。

この本に登場したお店

◎ビア＆カフェ BERG → P.22
住：東京都新宿区新宿3-38-1
　　ルミネエスト新宿 B1F
電：03-3226-1288
営：7:00 ～ 23:00（L.O.）
休：なし

◎福よし → P.54
住：東京都渋谷区神宮前4-28-24
電：03-3470-5529
営：11:30 ～ 14:30（L.O.）／
　　17:30 ～ 19:20（L.O.）
　　土曜はランチタイムのみ営業
休：日・祝

◎シシリア 六本木店 → P.126
住：東京都港区六本木6-1-26
　　六本木天城ビル B1F
電：03-3405-4653
営：11:00 ～ 15:00 ／
　　15:00 ～ 24:00（L.O.23:30）
休：なし

◎シシリア 銀座店 → P.126
住：東京都中央区銀座8-2-8
　　京都新聞銀座ビル B1F
電：03-3572-7828
営：月～金　11:30 ～ 15:00 ／
　　17:00 ～ 23:00（L.O.22:00）
　　土　11:30 ～ 23:00（L.O.22:00）
　　日・祝　11:30～22:30（L.O.21:30）
休：なし

◎ポンヌフ → P.126
住：東京都港区新橋2-20-15
　　新橋駅前ビル１号館１Ｆ
電：03-3572-5346
営：11:00 ～ 20:00
　　土　12:00 ～ 15:00
休：日・祝

◎J-COOK（ジェイクック）
→ P.126
住：東京都渋谷区神宮前3-36-26
電：03-3402-0657
営：8:00 ～ 22:00
　　日　11:00 ～ 18:00
休：月

◎巴裡 小川軒 → P.138
住：東京都港区新橋2-20-15
　　新橋駅前ビル１号館１Ｆ
電：03-3571-7500
営：9:30 ～ 18:00
　　土　9:30 ～ 17:00
休：日・祝

わたしの好きな東京のビストロたち

わたしは、小さなビストロで食事をするのが好きです。パテ、リエット、ニース風サラダ、バゲットとバター、にんじんのサラダ、鴨の料理、たとえばコンフィ、ムニエルの類、濃いカフェ、甘いデザート。オリーブやクロックムッシュも好きです。よく行くお店をご紹介します。

◎オーバカナル 紀尾井町

住：東京都千代田区紀尾井町4-1
　新紀尾井町ビル1F
電：03-5276-3422
営：10:00 ～ 23:00
　日・祝　10:00 ～ 22:00
休：不定休

◎コンコンブル

住：東京都渋谷区渋谷1-12-24
　707渋谷ビル1F
電：03-5467-3320
営：11:30 ～ 15:00 (L.O.14:00) ／
　17:30 ～ 23:00 (L.O.21:30)
　第3水はディナータイムのみ
休：なし

◎フィガロ

住：東京都港区南青山5-3-10
　From 1st ビル1F
電：03-3499-6786
営：11:30 ～ 15:00（L.O.）／
　18:00 ～ 22:30（L.O.21:30）
　カフェ 10:30 ～ 22:30（L.O.22:00）
休：なし

◎ブラッスリー　ホロホロ

住：東京都港区南青山3-17-1
　フロムファイブ1F
電：03-6804-1136
営：18:00 ～翌2:00（L.O.翌1:00）
　日・祝　17:00～24:00（L.O.23:00）
休：月（祝日の場合は火）

◎ル・キャバレ

住：東京都渋谷区元代々木町8-8
　Motoyoyogi Leaf 1 F
電：03-3469-7466
営：18:00 ～ 24:00（L.O.23:00）
　土　12:00 ～ 14:00 ／
　　18:00 ～ 24:00
　日　12:00 ～ 14:00 ／
　　18:00 ～ 24:00
休：水

※お店の情報は、2012年10月現在のものです。

あとがき

料理のプロでもない、グルメってわけでもない、フードライターですらない、一介の編集者、もの書きの端くれが、いったい食の何を語れるのかと自分でも笑ってしまいますが、わたしがもっともいいたかったこと、それは、ミヒャエル・エンデのお墓の亀、その背中にある「こわがらないで」ということばです。

驚くほど多くの人が、食にまつわる、本当のこと、そして大切なことを知りません。また食について詳しいある人たちは、食のことでがんじがらめになっているようです。「わざわざ文章にしなくったって、もう知ってるよ」っていうことが多かったかもしれません。でも、許し、許される、愛やエネルギーのことを書いた食の本があってもいいんじゃないかしら。そう思ってつくりました。あくまで、「わたしのＡＢＣ」です。みなさんには、みなさんなりの「ＡＢＣ」があるはずです。食に関して、本当の意味で自由になる、そんなきっかけになったなら、本当にうれしいです。

この本に関わってくださったみなさま一人ひとりのお名前をここにすべて書きたいのですが、紙数の関係で残念ながらかないません。お一人おひとりに握手をするような気持ちで、こころから感謝をもうしあげます。ＷＡＶＥ出版の中村亜紀子さん、デザイナー佐々木暁さん、そしてゴンゴンさん、できましたね！　本当にありがとうございました。

悲しみすぎないで、こわがらないで、自分のからだをつくり、出す力を強め、大いなる自然に感謝する気持ちを忘れない、何よりうんとたのしい食卓がこの世があふれますように。

２０１２年、うつくしい秋に　服部みれい

逆引きの目次

気分に合わせて読みたいときに

◎食べものにまつわる思い出ばなしを しみじみと読みたいというときに

◎意識と食べものについて興味があるときに

◎さまざまな食事療法について興味津々のあなたに

◎ちょっぴり不思議なはなしをたのしみたいあなたに

◎おいしいお店について知りたいかたに

◎「料理本の情報がほしいなあ」というかたに

◎服部みれい（はっとり・みれい）
執筆活動を行いながら、『murmur magazine　マーマーマガジン』編集長を務める。冷えとりグッズを扱う「mm socks」、本のレーベル＆ウェブのおみせ「mm books」主宰。育児雑誌の雑誌編集者を経て、ファッション誌のライティング、書籍などの編集、執筆を行う。2008年に『murmur magazine』を創刊。あたらしい時代を生きるためのホリスティックな知恵を厳選して発信。代替医療に関する書籍の企画・編集も多数手がける。著書に『なにかいいこと 自分をほどく知恵のことば』（イースト・プレス）、『ストロベリー・ジュース・フォーエバー』『オージャスのひみつ』（ともにマーブルトロン／中央公論新社）、『SELF CLEANING BOOK あたらしい自分になる本』『SELF CLEANING DIARY あたらしい自分になる手帖』（ともにアスペクト）、『みれいの部屋ニューお悩み相談』（主婦と生活社）、『あたらしい東京日記』（大和書房）、『服部みれい詩集　甘い、甘い、甘くて甘い』（エムエム・ブックス）がある。

あたらしい
食のABC

2012年10月15日第1版第1刷発行

著　者　服部みれい

発行者　玉越直人

発行所　WAVE出版

〒102-0074　東京都千代田区九段南4-7-15

TEL＝03-3261-3713　FAX＝03-3261-3823

振替00100-7-366376

info@wave-publishers.co.jp

http://www.wave-publishers.co.jp

印刷・製本　中央精版印刷

ISBN978-4-87290-577-9

＊「パワーフード」「宅配野菜食べ比べ」は雑誌『エココロ』の連載をもとに加筆修正したものです。それ以外は書きおろしです。